THE SECRET 3.0

FEEL

FREE TO FUCK

BUCKETLISTEN – DU BLIVER, HVAD DU TÆNKER, OG GØR!

Hvordan bringer man LIVSGLÆDE
Ind i sit liv, når
ENSOMHED står for døren?
LEV LIVET & undgå
STREES og JAG
Få INDHOLD hvis der er
LANGT IMELLEM JOBS

DE TI BUD

DU ER DIN BEVIDSTHED

INTER-FEAR BOOKS

DOCTOR LIVING'STONE AND MR FLINT'STONE
Conversations from the heart –
THE SECRET 3.0 - FEEL FREE TO LOVE – BUCKETLISTENS ABC
EMPA-8-NI-TI PARAT. ARBEJDSGLÆDE- R FOR ALLE

FORFATTER: ALx S aka. Doctor Living'stone
UDGAVE: 1 Scroll. Paperback version
ISBN: 9 788 743 014 706
FORLAG: Books on Demand – Copenhagen, Denmark
FREMSTILLING: Books on Demand – Norderstedt, Germany
        The book is made on-Demand process
LAYOUT: Achmed Esra
TIME: 2020 Cold Winter

BUCKETLISTENS ABC
EMPA-8-NI-TI PARAT.
ARBEJDSGLÆDE-R FOR ALLE

FSC
www.fsc.org
MIX
Papir fra
ansvarlige kilder
Paper from
responsible sources
FSC® C105338

THE SECRETE 3.0 – FEEL FREE TO LOVE
BUCKETLISTENS ABC
EMPA-8-NI-TI PARAT. ARBEJDSGLÆDE-R FOR ALLE

INDHOLDSFORTEGNELSE

EXT. Saharas Ørken Dag –

EXT. Stillehavet i en kano - Dag –

ARBEJDSGLÆDE FOR ALLE

Samtaler mellem en Life Coach og akademikere om
Arbejdsglæde og arbejdsløshed

PROLOG

Jeg kom til at aktivere min højre hjernehalvdel for cirka syv år siden!

Men der gik syv år før, at det blev mig bevidst! Så min højre hjernehalvdel er omtrent samme alder som min datter!!

Så spørger du sikkert: *Hvordan kom du til at aktivere den??*

Jo, jeg skulle en tur til de varme troper – Elsker sol og varme! Man kan leve af det! – Fysisk! *No eating!* Men for at rejse til tropelandene skal man jo, som dansker, vaccineres!! Så jeg blev vaccineret! Jeg tog hen til tropelægen og forklarede, at jeg skulle til Afrika, og opholde mig i tre måneder og i diverse ulande! *Hvad skal jeg vaccineres imod?*

Du skal have en for tyfus, kolera, toxoplasma, e-bola og malaria!
Er du højre eller venstrehåndet?

"Højre" svarede arkitekten!

Så greb tropelægen fat i min højre arm, og stak hele molevitten ind – lige der hvor samtlige muskler er fæstnet i skulderen!?
Jeg tror, at han var højre / venstre blind!?

Og i Afrika blev jeg så bidt af en tæge, som havde besluttet sig for at blande spyt og blod fra mit højre lår lige under ballen!! Der hvor jeg ikke selv glor! Eller at kunne få andre til at glo på min røv?? For at se om der eventuelt skulle være en rødlig cirkulær aftegning rundt om bidemærket – tre måneder efter!? Jeg opdagede selv, at jeg blev mere og mere doven i højreside af kroppen! Altså hvis jeg skulle gribe efter blyanten, havde min venstre arm en større iver for at hente den, og bringe sig selv i spil, end den højre, hvor blyanten lå to centimeter ved siden af i forvejen!! Ja? Det gav ingen mening! Men en dag sagde Maria:

Josef – Du har en rød ring til at sidde på dit lår!! Du er da blevet smittet
med borrelia!! Shit! Op til lægen igen, og stikkes i venstre arm!
Så nu kan jeg ikke bruge nogle af armene længere –!!?

Så alt hvad du sidder og læser, eller at du står og læser, eller hvad du gør lige nu – Piller næse måske?? Ja – jeg har skrevet det her med min tunge!! Jeg har limet et stykke bly fast til min tunge! Så jeg bedre kan ramme tasterne på tastaturet! Men derfor kære tungnemme læser opererer jeg nu i begge hjernehalvdele, fordi jeg blev passiviseret i den højre kropsdel! Det kan også være eftervirkninger af en famøse musearm. Det er stadig ikke anerkendt som noget begreb!? Men jeg har altid siddet meget ensidigt med alt i højre fordi, jeg fik fortalt i skolen, at jeg og de fleste mennesker kun bruger den ene hånd, og det skal være –

Trommehvirvel! Den højre hånd!! Nå, okay! Det er også klart mest fordelagtigt, når man skriver med en blyant! Så det ikke sværter! Men det gør et tastatur ikke! Men musen er ikke skabt til mennesker! Det er uvant for kroppen og armen at lave så endsige motoriske øvelser fikseret til en mus! Og det er svært for de fleste at skifte om til at bruge den venstre efter at have været forsømt i så mange år!! Men jeg flyttede selvsamme mus over i venstre, og bad "den" om at lære det, som den højre har taget for givet, at der var dens arbejde! Nu at prøve at tegne videre i 3D med venstre! Men så skete det!! Hvad??

Den højre hjernehalvdel som styrer venstre hånd, er ikke visuel med lydløse billeder!! Men fyldt med lyd og ord! Jeg blev handlingslammet!! Jeg gik i stå med at ville tegne, selvom at den venstre sagtens kunne og allerede efter få uger!! Det blev faktisk hurtigt uvant at benytte den højre! Unaturligt endda!

Men jeg blev lidt passiviseret så at sige! Scchhh – Stilhed er guds sprog! Jeg lærte at lægge min handlinger, meninger og holdninger – alt det som gjorde mig til en mand – på hylden! Jeg blev en kvinde! Handlingslammet!! Og smukkere!! End en mand! Nej, jeg blev mere som en kvinde, der har lyst til at udtrykke sig med lyd og ord! Så nu vil jeg lave lydbøger!!

Bevares min egen læge kan sagtens afhjælpe problemet med armen! Han, og snart bliver det oftere en hun, kan tage en kanyle og sprøjte en vaccine ind lige der hvor, at tropelægens vaccine eventuelt skabte et problem! Nu med binyrebark hormon!

Det hjælper – Du kan have lidt ondt i armen i morgen, men så mærker du ikke noget mere! Du kan bruge den højre igen – fuld tid!

Tak! Er det rigtig? Binyrebarkhormon alligevel?

Fakta Binyrebarkhormoner kaldes også steroider (kortikosteroider)! Min egen læge vil give mig steroider?? Så jeg kan blive en mand igen!!

Hjælp mig her! Skal jeg spise den blå pille og blive en mand igen?

Vi glemmer alt det her nonsens, som du snakker om med, at du er ved at blive en kvinde – I balance med begge hjernehalvdele?! At sidde på en pude i ørkensandet, og at skrive, tude og arbejde med lyd og stilhed!?

Eller vil du nyde roen i din venstre hjernehalvdel og bare fortsat bruge den venstre arm til musen?? Mus?? Hvaffor en mus?? Hvad snakker du om?? Man bruger sgu da ikke mus i dag!!? Nej, man bruger lam!

Handlingslam!

TANKER FRA AFGRUNDEN

EXT. Saharas Ørken Dag

DOKTOR LIVING'STONE:
Sagde du ikke lige højt under ed, at du havde det fint??

Jo, jo, men det var jo grundet omstændighederne!

Hvilke omstændigheder drejer det sig om, spurgte advokaten??

Jeg lå lige og tog et hvil. Min hest var blevet en smule træt, og min hund lå ved siden af mig, da en bil kom ræsende og ud sprang ordensmagten, og tog fat i min hund, skød den og sagde, at den havde brækket ryggen! Så gik han hen til min hest, klappede den på hovedet, imens hans skød den. Den havde brækket alle benene, sagde han.

Og så gik han hen til mig, og spurgte, hvordan jeg havde det??

Jeg havde ikke i min vildeste fantasi troet, at jeg nogensinde skulle skrive en bog med sådan en titel! Og da slet ikke efter sådan en start på mit akademiske liv. En absurd tanke. Og en absurd titel! Og lang! Det er ikke engang tre år siden, at mine tegninger blev hædret for at være basis for det bedste nybyggeri i blandt 140 nationer. AU Botanisk væksthus i Aarhus. *En bid af Thailand*, som jeg plejer at referere. Jeg sad oven i købet med det projekt – stort set alene de første måneder i hele opfindelses fasen. *Hvordan skal det kommende kulturhus se ud, og renovering af det gamle "lort" fra 70'erne??* Det var faktisk lidt en æressag for Danmarks største tegnestue at genvinde projektet, når det nu var tegnestuen, som vandt projektet for mange år siden!

"Æh, hvorfor er det så kun mig,
som skal være påhitsom på det her??".

Men fint nok. *Jeg skal gøre mit bedste!* Og gjorde mit bedste! Om end differencen imellem at gøre sit bedste, eller ikke at gøre sit bedste ikke havde nogle økonomisk nævneværdige argumenter. Udover at man kunne have en forhåbning om, at man ikke blev fyret som den første, når det gik mindre godt for virksomheden!

Jeg vandt faktisk 2/3 af alle de konkurrencer, som jeg blev sat til at løse i min tid som arbejdsmand! 40 ud af 60 konkurrencer! Det er ret mange, hvis jeg skal sige det selv. For så gode er oddsene heller ikke!

Det startede allerede under studiet, hvor der dengang faktisk var offentlig udbudte konkurrencer, som man kunne deltage i, uden at skulle prækvalificeres eller inviteres til at deltage med forslag om kommende byggeri! Jeg var med til at vinde to store internationale konkurrencer inden, at jeg var færdig med studiet.

"Byens fremtid" udskrevet af Statens museum for kunst. Og de *"Bynære havnearealer i Aarhus".* Begge inden for ni måneders varighed. Jo, der blev kigget efter de studerende, som havde klaret sig så flot ved siden af deres studie! Arbejdsglæden var stor.

Og deres vejleder og mentor så store muligheder i kompagniskab med sine studerende – Vi var to! Der var faktisk en del virksomheder, som så potentialet i de unge så kreative mennesker! De unge fik blot ingen vejledning i, hvorledes at man så gebærder sig med hinanden og sine medstuderende efterfølgende.

Du ved, når man blander venskaber og penge i samme cocktail, så kræver det en uhyre dygtig bartender, når vi snakker deling af halve millioner. *Hvor meget hjalp du mig? En uge? To uger?? Hvad koster det? Med tilbagebetaling?? 85.000 kroner+ Moms?? Og du er på SU, ligesom jeg?? Fint, her er 100.000 kroner – husk skatten!*

Nej, der røg de venskaber. Men et springbræt videre i det pulserende arbejdsliv. Det kunne det første år faktisk ikke svare sig at tjene flere penge, for vi havde i forvejen blevet afkrævet at tilbagebetale al vores SU for de seneste to år af det lange studie, og med udlands ophold af flere års varighed! Og gud fri mig vel. Man lærer altså ikke en dyt om at mingelere blandt andre i et konkurrence miljø, som det jeg blev headhuntet til som færdiguddannet! Om end at det selvfølgelig var specielt, at man ikke længere, kun blev aflønnet i SU, men nu for første gang i sit liv fik et ganske udmærket honorar udbetalt – selv efter seks års uddannelse. Så gik mine tanker tit på de fallerede venskaber – og hvad det kunne have været blevet til! Hvis og hvis! Men det var sgu ikke kun fryd og gammen at arbejde for fire så snobbede chefer, som dem jeg forsøgte at være kreative sammen med! Albuer så spidse at man nærmest var stukket halvt ihjel, inden dagen var omme!

Knap et år holdte jeg til at sidde i en konkurrenceafdeling ved det nok så anerkendte Aarhus firma, som nu er blevet opkøbt af et amerikansk firma! Jeg tog chancen, og nød at forklare deres nyansatte HR chef, at jeg absolut ikke havde mod og lyst til at træde rundt i den energi, som virksomheden lagde for dagen! Som på studiet, lærte man ligeså meget af sine medstuderende som ens nye kollegaer. Og de fleste var skam også ganske tilforladelige! Det er alligevel ejendommeligt, så lidt som man kan holde fast i det "kollegiale" efter at man ikke længere har sin gang i deres miljø.

Eller måske er gået over til konkurrenten!

Jeg gik sammen med min mentor på et par projekter i en periode kort tid efter, og hvor at jeg stadig ikke var interesseret i penge som det væsentlige i livet. Det var ikke det, som var drivkraften her! Og ganske kort tid efter blev jeg yderligere engang headhuntet til arbejdsmarked! Skønt at der kan være bud efter en, og at nogen i ens netværk som har lyst og mod til at introducere et andet menneske for andre virksomheder!

Jeg havde faktisk ikke sendt en eneste ansøgning til nogen de første ti år af min karriere... Det var blot en lille portfølje under armen og så troppe op på kontoret og snakke med chefen!

"Kan du tegne i Lightscape?". "Nej, kan du??" Fristes jeg næsten til at spørge tilbage! Men jeg kan tegne i Word.. Se her :-"!/)) '-_/*

Jeg kan rigtige mange ting, men uhyggeligt at man så tidligt i processen allerede føler, at man ikke kan nok, eller det som bliver efterspurgt på arbejdsmarked! Og det kan de heller ikke! Det er derfor, at de vil have nogle ansatte, som kan alt det, som de ikke selv formår! Jo, de er skam gode til at snakke for deres syge mostre, og så tegne med blyanter! Men det lykkes mig at overbevise chefen om, at vi måske havde fundet et match, om end jeg ikke anede, hvad de ville sætte mig til. Og at de ikke kendte mig, andet end fra lidt omtale måske!

"Vi kan jo prøve med en lille prøve periode af tre måneds varighed og se hinanden lidt an!".

Da prøveperioden udløb nærmest på dagen, kunne man stå og tænke: *"Nå hvad så?? Skal jeg komme på mandag??"*

Æhh... Er der allerede gået tre måneder?? Ja, for dælen!

Nå ja, men lad os sige det! Så ses vi på mandag! Fint!

Nej, der var ikke et sekunds ro, de første ti år af min arbejdskarriere – overhovedet! Det var en fortætning af projekter, som man ikke drømmer om! Mange af mine tidligere medstuderende havde fået opbygget en afspadsering – 1 til 1 vel at mærke, på tre måneder efter tre måneders ansættelse!

Ja, det var jo mere sikkert for arbejdsgiver at have én til at rende dobbelt så hurtigt, end at ansætte to! Det gav ingen mening de første ti år! Men så kom finanskrisen!

Det hele stoppede brat med ordre for samtlige i branchen.

"Der er nogen, som har trådt foden på bremsen – massivt, og vi sidder med hovedet oppe i forruden – og alle I ansatte er ved at ramme os bagfra!"

Jeg var lige blevet spurgt, om jeg "ikke" havde lyst til at være leder for deres visualisering afdeling en måned forinden til en MUS samtale. Jeg var faktisk lidt lamslået, både fordi.... Visualisering alligevel?? Jeg var godt klar over, at jeg var god til at visualisere projekterne, som jeg havde skabt, men skulle jeg nu til udelukkende at visualisere andres projekter som specialisten på området lige pludselig?? Og ham som de havde til at løfte den opgave med stor formåen, og med større behændighed og iver, havde tilsyneladende raget uklar med ledelsen. Men det var sgu ham, som havde fået virksomheden til at kigge min vej!

Jeg var ikke interesseret i at overtage hans funktion, eller at være skyld i at han røg! Så vi røg begge to med seks måneders løn.

Finanskrisen var skyld i det, sagde den ældste af cheferne.

Ham som havde arvet den store virksomhed fra sin far, da han vandt konkurrencen om Universitet i Aarhus, og startede sit eventyr op her i "Smilets by". Og skabte grobund for en arkitektskole, som hans søn så skulle gå på, når han nu skulle overtage virksomheden! Det hjalp ham ikke. Han kunne ikke se forskel på et snit og en plantegning, sagde de ansatte!? Hans helbred holdte heller ikke til den række af afskedigelser, som han måtte eksekvere!

Alle de ting som jeg burde, skulle have sagt både til MUS samtale nummer et, og nummer to, og endelig til samtalen hvor han måtte stave min fyring. Det var faktisk første og eneste gang, at han kaldte mig på kontoret alle årene!? Så det var ikke det store chok! Ingen tvivl om at han var ked af det! Jeg kom oven i købet til hans begravelse i Ravnsbjerg kirken, som firmaet havde designet!

En brun murstens øjebæ!

Men det var mere, end man kunne sige for nogle af partnerne i virksomheden, som ikke havde tid til at troppe op og sende ham godt af sted!?

Nej, jeg har nok altid været en smule ærekær. Man vil jo gerne gøre et godt indtryk, selvom at man er i omgivet af snobberi og mindreværd! Virksomhederne havde travlt med at tale hinanden ned, end at forsøge at tale sig selv op eller have et fokus på det, som er ens egne kerneværdier og formsprog!!? *Deres var dårligt!!*

Efter næsten et årti på Danmarks ældste tegnestue havde jeg også opnået et vægt problem. Det var svært ikke at tage to portioner ved buffeten, som altid stod tilgængelig med alverdens retter.

Man skulle være mongol, hvis man ikke skulle fristes til skovle lidt ind, selvom at frokosttallerkenen var af en mindre slags. Og ofte med den konsekvens at alt ens energi lå i fordøjelsen om eftermiddagen, og selv ikke en fri tilgængelig cola kunne rette op på miseren. Tværtom. Et lille hvil kunne skjules på de store toiletter. Blot 15-20 minutter. Så var man klar igen, efter at have fortæret en halv ko!

Jeg havde oplevet en del fyringsrunder på stedet. Ofte de lidt ældre, hvis længere sag en dag ophørte, og så stod de uden noget at lave! Nogle gik vitterligt psykisk ned, og blev indlagt på *psyk*, rygtes det!

Jeg havde heldigvis opbygget en del afspadsering allerede til at stå imod med i de sløve perioder. Nej, det var ofte lidt uhyggeligt at tænke på, når ens eget projekt ramte en deadline, og at man havde siddet flere nætter og weekender og forsøgte at bidrage med det bedste af ens formåen. 1 til 1 afspadsering. Så sådan én times ekstra arbejde en søndag nat, kompenserede for én time senere mødetidspunkt mandag morgen, hvor man måske fik et nyt projekt på ens bord. Måske!

De mange fyringsrunder skabte ikke den bedste stemning på holdet. For hvordan skulle man lige interagere med dem, som var blevet opsagt?? Skulle man opponere i en form for sammenhold? Gå i en bue udenom? Havde de fået AIDS?? Smitter det, hvis man snakker med dem, hvis ledelsen nu så det?? Og så videre! Nej, det var blevet strammere tider hos den engang så store virksomhed, målt på antallet af ansatte.

Men den nye chef, min makker i konkurrence afdelingen igennem seks år og nu CEO i virksomheden, havde også fået skåret køkken afsnittet af, så de ansatte fremover skulle smøre madpakker i stedet. Nej, det var god timing at blive fyret. Jeg faldt hurtigt i vægt igen uanset! Og de ansatte løb dobbelt så hurtig på leverpostej!

Jeg var godt klar over, at ledelsen så kantinen som en underskuds forretning. Men at være super kreativ med leverpostejs madder i "maskinen", den havde jeg alligevel ikke set komme. Og jeg fik nærmere ondt af dem, som blev tilbage, og som skulle til at rende dobbelt så hurtigt. De fleste gik travlt rundt med hovederne bøjet og havde svært ved at bevare øjenkontakten til nogen!

Ja, det fik jeg jo så selv at mærke, da "smitten" ramte mig! Jeg anede ikke, at jeg sad så yderligt på taburetten, da telefonen ringede fra kontoret på øverste etage! Og deres HR chef. Ja, jeg skrev deres. Jeg synes bestemt ikke, at hun virkede til at være på de ansattes side! Jeg forstod jo godt selv, hvorfor folk så begyndte at gå i en bue uden om mig de sidste måneder, da jeg blev i virksomheden til det sidste, og håbede måske på en forlængelse!!?

Men jeg havde nogle år forinden investeret i et super lokale på havnen, lejet af Århus kommune. Cirka en brugt bil om måneden for det 145m2 store regulære rum i de tidligere slagtehaller.

Og oven i købet med et lukket gårdrum, som kun jeg havde adgang til! Her ville jeg have mit frirum for snobberi. Så jeg var ganske fortrøstningsfuld de første år på dagpenge, og tænkte at det sgu var på tide, at jeg kunne få lidt luft fra de hårde arbejdstider og vilkår, som branchen havde at tilbyde.

Nu havde jeg jo optjent en dagpengeperiode for første gang – og det var dengang, at det stadig kunne lagde sig gøre at få op til fire år på dagpenge! Så jeg havde ikke travlt med at finde mig et nyt arbejde i konkurrence regi. Jeg ville nyde friheden til selv at stykke en tilværelse sammen...

Som det nu kunne lade sig gøre, når man var i en A-kasse, og skulle rapportere til hver tredje måned, oveni jobcentret som også forventede en rapport hver tredje måned! Og begge instanser var såmænd forstående for den skrækkelig situation, som mange var endt i efter den "uventet finanskrise" og de hårde vilkår som den blå regering pålagde! Jeg nød blot stadig det "frie" liv uden et konstant pres for op til ni chefer, som alle havde hver deres ønsker i øst og vest, og forventninger til ens arbejde!

Nej, det var skønt ikke længere at blive kigget over skulderen hele tiden! Nu var det blot en anden form for overvågning, som man blev udsat for!

Du skal søge bredere......!! Jamen, det er svært at blive taget seriøst som kirketjener!!? Er du religiøs?? Er du?? Men jobcentret havde bedre muligheder for at kunne spæde til med gode forslag om kurser, og des lignende end min egen akademiske A-kasse! Jeg husker især en af de A-kasse damer, som ivrigt fortalte mig om alle de reglementer, som jeg skulle forholde mig til, imens at hun noterede udelukkende hendes egne formalier på computeren, imens at hun talte!

Skriver du kun dine ord ned, spurgte jeg?

Jeg havde aldrig skrevet en seriøs ansøgning indtil da.

Måske en enkelt gang som pædagogmedhjælper. Og som jeg oven i købet fik hjælp til at udfærdige af min socialpædagogiske svigerinde. Og jeg fik da også jobbet dengang! 1:148 om buddet!

Faktisk var det et afslag efter en anden jobsamtale ved en anden institution, hvor en pædagog kom med gode pointer til, hvad jeg skulle sige til næste samtale, der banede vejen til det medhjælper job! Et job som jeg holdte til knap et år. Længere end jeg havde forestillet mig. Men jeg havde lovet min socialpædagogiske svigerinde, at sådant et job ikke kun er for seks måneder. Det ville være synd for børnene. Men selv souschefen synes, at jeg skulle søge ind på arkitektskolen, og at det ville være langt bedre for mig! Og af nogle af forældrene til børnene som selv var arkitekter.

Jeg fik så at sige indgående viden – fysisk fra den skilte mor.

Ja, de gode råd kostede lidt! Jeg havde såmænd aldrig drømt om at skulle være arkitekt. Der findes sgu da ikke noget mere dødt end en mursten!!

Og hendes største ønske om at blive berømt, som en kendt arkitekt, ringede ikke på samme måde i mit system! Jeg ville nok hellere havde været skuespiller! Og havde jeg vidst, at min karriere ville være beslægtet med en fodboldspillers korte hæsblæsende udnyttelse af et par unge ben, så havde jeg nok også valgt fodbolden - af økonomiske årsager! De tjener jo kassen!!

Men jeg er dedikeret, når jeg sætter mig noget for.

Jeg meldte mig på et tegnekursus, og jeg erindrer den første dag på FOF med den middelalderen dame, som stod og berettede om blyanter og pensler, at det var en fejl, at jeg havde spenderet 1.500 kroner på det kursus! Så jeg var fræk at gå op efter undervisningen første dag og spørge, om jeg kunne få mine penge refunderet?? *Nej! Nå!* Så jeg blev til den "bitre" ende!

Og jeg var lige så dygtig som alle arkitektbørnene på kursusset, der alle forberedte sig til den tre dage lange optagelsesprøve, og hvor kun halvdelen af de indkaldte fik en plads på skolen! Men jeg fik en plads! Og skolen var god. En lang fristil uden eksamen!

Men noget helt andet end hvad erhvervslivet krævede!

Men nu var det, som om at der ikke var andet at give sig til end at skrive ansøgninger i deres optik! *"To jobs om ugen!"*.

På et tidspunkt fik jeg dog forhandlet mig ned til ét enkelt om ugen, og måske et møde, eller en samtale med en virksomheds et eller andet! Grundet krise og manglende job opslag. Jeg tog det dog stadig ganske roligt! Jeg havde jo rigeligt med tid, og havde stadig brug for det pusterum efter sådan et stress trummerum! Jeg skulle lære at skrive en ansøgning, og udfærdige et CV.

Jeg havde faktisk ikke rigtig beskæftiget mig med ord indtil det tidspunkt. Jeg var jo god til at "visualisere"! Rigtig god endda!

Jeg var bare ikke skabt til at sidde otte til tolv timer låst fast til en stol og en skærm. Først var det mit syn, som blev belastet. At være langsynet er ikke en fordel på et kontor i denne position.

Og en bygningsfejl i øjet hjælper heller ikke! Godt nok skulle jeg ikke være pilot, eller flyveleder! Så et par briller kunne afhjælpe! Men at benytte den skide mus til at tegne!? Jeg kunne endda få lov at vælge forskellige mus. Men det var stadig en mus. Min højre arm og skulder begyndte at knirke, for ikke at beskrive den tiltagende smerte, som den forvoldte! Jo, jo. Jeg havde skam også et hæve sænke bord! Og en god stol! Og en ny computer - hvert år! Tre skærme!! Og så en arkitektlampe på skulderen!?

Men der findes dog mange forskellige instanser, som gerne vil lukrere på de ledige, som skal bruge "noget hjælp". Så jeg blev bevilliget forskellige såkaldte "anden aktører" til at komme med gode idéer til at få hul på bylden og komme i gang igen!

Den ene visionære aktør var sågar så sød, da jeg jo havde oprettet et CVR nummer som bibeskæftigelse til at opfordre mig til at udnytte alle de dygtige ledige, som gik rundt, til at engagere dem i min virksomhed! *Ja, du kan jo få alle mulige forskellige akademikere til at komplimentere din virksomhed! Du kan jo have nogle i virksomhedspraktik i 4 uger af gangen – på skift!*

Ja?? Men hvad skulle jeg så lokke dem til, når jeg nu ikke selv har noget at lave?? Min bibeskæftigelse var kunst. Fra bygnings kunsten!

Jamen, du kan få en til at lave din hjemmeside! Og en til at lave marketing, og en til at.... Og så videre!

Nej, jeg benyttede mig ikke af det tilbud!

Jeg ville hellere lære at lave min egen hjemmeside. Og jobcenteret bevilgede mig et kursus i at lave hjemmesider!

Så kan du udbyde at lave hjemmesider for andre!

Ja, de tænker kreativt med jobmuligheder! En arkitekt som laver hjemmesider!? *Men man skal jo have smør på bordet,* som de beskriver! Jeg har sgu rigeligt med smør! *Du kan også oprette en forening, og begynde at tjene penge af den vej! Engagere en masse frivillige!! Kuk kuk – Er du med? Kommer du frivilligt? Eller skal jeg komme at fange dig?? Haps! Nu er du frivillig!*

Nummer to anden aktør forsøgte lidt anderledes at "bure" de ledige inde på deres åbne kontor.

Her kunne man få "ro" og hjælp til i dagtimerne fra klokken 8 til klokken 16, at skrive ansøgninger og forberede en kommende jobsamtale. Der gik yderligere fem år før, at det lykkedes for mig at komme til min første jobsamtale halvanden times kørsel fra min kære by – Smilet! Og oven i købet med den frækkeste ansøgning, som jeg nogensinde havde sendt! En lodret kopieret ansøgning, fra deres jobannonce, hvor jeg blot havde byttet ordene "Du" om til et "Jeg"!!

Du mestrer at få flere interessenter i spil!

Jeg mestrer at få flere interessenter i spil!

Det var nærmest pinligt! Og jeg drømte ikke om, at jeg skulle sidde tre timer i bil hver dag, oveni i fuldtids stillingen! Jeg havde endda udformet byplanen for den lille flække i sin tid! Grindsted!

Grimsted!? Og nu var jeg jo samtidigt også blevet far. Til en skøn unge, som så skulle i vuggestue hver dag, for *far skal stå til rådighed for arbejdsmarkedet!* Det var med en klump i halsen, at jeg afleverede min unge til fremmede i den lille institution, for så at hoppe ned på "mit kontor" og sidde kontinuerligt at sende ansøgninger ud til de sporadiske jobs i periferien!

Det gør de bedre i Tyskland!

Hvad med byplanlægger i Varde??

Det er ikke for at være HovskisNowski, men jeg er født og opvokset i Aarhus! Jeg er skyld i, at Aarhus har fået en Dokk1 klods på havnen! Jeg har tegnet masterplaner for de bynære havnearealer her, og Ceres masterplan, som med ni chefer blev så fortættet, at det nærmest er et hadeobjekt i byen.

Jeg har designet musikhuset udvidelse med den symfoniske sal, og rytmiske sal. Jeg har designet Sallings udvidelse! Hvad skal jeg i Varde?? Og mindst tre timer i bil hver dag oveni en fuldtidsstilling!

Jamen, så må du finde dig et brød job, og det behøves ikke at være ved en bager! Hey - det var slet ikke nogen dum idé! Marked er umættelig for småkager! *"Hvis vi havde haft ressourcerne til at bage én milliard småkager ekstra, havde kineserne købt dem!"* udtalte den danske småkage producent!!

En småkage udformet som en Corona virus!! Den røde regering hjalp ikke nogen med noget tværtom. De eksekverede den blå reformpolitik! Til perfektion. Nu på italiensk creme – CREMONA!

Alle "smuthuller" blev lukket, og afgrunden var ganske nær! De fire år på dagpenge fløj jo nærmest af sted! Jeg tør slet ikke drømme om vilkårene i dag med den endnu engang forkortet dagpengeperiode! Jeg misundte dem, som kunne forudsige deres egen fyringer, og havde købt sig til en økonomisk kompensation oveni deres dagpenge. Det var nærmest en fuld løn for et akademisk job på dagpenge i et helt år!

Nej, jeg så det ikke komme og kendte ikke til mulighederne på det tidspunkt! Da de fire år var gået, og dagpengene ophørte, opsagde jeg min A-kasse. De havde faktisk ikke været til nogen som helst hjælp overhovedet! Men vi var også en broget flok af akademikere. Præster, historiker, arkitekter og så videre.

Hvad fanden har vi til fælles?

Og de selvstændiges A-kasser forlød der mange skrækscenarier om. Så de virkede heller ikke til at være løsningen ud af suppedasen!

Hvad fanden gør man så?? Er man overhovedet berettiget til kontanthjælp, når man ejer sin egen lejlighed, bil, og motorcykel??

Der er mange ting, som man pludselig skal til at forholde sig til, hvor at det tidligere bare var noget, som man havde folk til, og pengene rullede ind på kontoen!! Og dem som blev afskediget, blev hjulpet på vej af en arbejdsgiver over til nogle andre kollegiale arbejdsgivere.

Begreber som langtidsledig lå inde for rækkevidde. Jo, der var flere prædikater, som kunne fæstnes til en. Jeg ved ikke, om jeg skammet mig over min situation. Jeg synes jo både, at jeg havde gjort mig lidt fortjent til en "pause", og jeg havde det langt bedre, end da jeg var optaget på arbejdsmarked. Og jeg kunne jo se det på mine tidligere ekskollegaer, som var ved at drukne i overarbejde, og leverpostejs madder! De fleste kunne faktisk ikke afsætte tolv sekunder, hvis man mødte dem tilfældigt på gaden!! Eller besøgte dem på kontoret! Nå ja, jeg var jo smittet!! Det kunne jo smitte dem på gaden!

Telefonen holdte også mere og mere op med at ringe. Bevares jeg holdte af roen. Jeg kan godt holde ud at være sammen med mig selv. Alene. Men jeg var sgu alene! Al den tid alene, med sig selv og sine tanker!

Tiden har ikke hjulpet det store og næsten 1.500 ansøgninger i det brede spektrum har ikke hjulpet synderligt. Måske 3-4 jobsamtaler! Så hvad så?? Kontanthjælpsloft?? Hjælper det??

225 timers reglen!!

Efter et halv dusin år med en moderat jobsøgning og et familieliv, begyndte forholdet at krakelere.

Hvorfor finder du dig bare ikke et arbejde??

Fordi Jobbene bare ikke hænger på træerne – måske!!

Spørgsmål som et utal af gange kan flyve ud af munden på dem har et arbejde, og har meget svært ved at relatere sig til ens situation som arbejdsløs. Sådan spurgte jeg jo selv engang andre ledige! Men selv ens egne familiemedlemmer kan være uforstående for ens situation. *"Du har jo et godt hoved!?"*.

Du kan da spille fodbold!? Jeg følte dog sjældent stress, da jeg havde rigtig travlt på arbejde. Men som arbejdsløs...??!

Jeg kalder det arbejdsfri ikke løs længere! *"Jeg er næsten pensioneret"*, fortalte jeg min tidligere mentor fra arkitektskolen en dag. Mange af mine medstuderende fra holdet har sat sig på de store taburetter i form af partnerskaber rundt omkring i større og mindre virksomheder. Det har dog ikke hjulpet på min situation, selvom at jeg ofte havde hjulpet dem eller deres kære i lignende situationer.

Jeg er dog dybt taknemmelig for, at jeg har haft så meget fritid til at kunne tage mig af mine egne kære. Mit barn har oplevet en far, som er der for hende – hele tiden. Men det kan være krævende, hvis ikke at al den tid sammen også kan værdsættes i et forhold sammen. Mit forhold gik i stykker. Det holdte elleve år med de ni af dem som ledig! Og med en pige som var seks! Som nu skulle deles i to! Og så bodeling og afholdelse af egne udgifter. Bevares det var heller ikke en fordel at være et par i en job løs situation. Fordi man er økonomisk afhængig af hinanden. Man skal så at sige modregnes krone for krone, hvad den anden tjener, selvom at man ikke er gift eller udøver fælles økonomi.

Det er så yndigt at følges af, men ikke økonomisk rentabelt. Så min økonomiske situation hjalp faktisk en smule at stå med det hele selv, som enlig forsøger. For så er der pludselig en masse tilskud man kan søge. Men det har man jo pligt til selv at undersøge.

Ja, og du kan også søge om børnetilskud. Men det er kvartalsvis, og det var i tirsdags, at du skulle have haft søgt. Næste gang er først til november!

Bevares at dele sine børn skaber både glæde og sorg. En ting er et savn i de uger, som man er alene. Men det skaber også frihed til at kunne fordybe sig i de uger, hvor man ikke er forælder ansvarlig. Så har man mere tid til at være jobsøgende.

Men jobbene hænger ikke på træerne. Det er ofte forbeholdt dem som i forvejen er på jobmarked. Som så skifter til konkurrenten, som vil *booste* sin egen virksomhed. Det er ikke for de ledige!

Problemet ved at være ledige, eller ikke at have noget at lave er, at man ikke ved, hvornår man er færdig, som Groucho Marx så korrekt udtalte efter finanskrisen i 30'erne.

Men ledighed kan faktisk også relateres til stress. For forventningerne til en fra ens omgivelser og fra samfundet generelt kan være ganske svært at håndtere i længden!

Der er kun så meget, som kroppen kan holde til. Og på et tidspunkt kan den også sige fra. Ved mig kan man sige, at jeg fik nerverne udenpå tøjet! Bogstaveligt! Mit centralnerve-system begyndte at sende signaler om, at det hele var galt, og kolossale smerter forskellige steder i kroppen, gjorde det nærmest umuligt at gøre andet end at sidde fastlåst til en stol med et armlæn, og en infrarød varme lampe kunne holde mig smerte fri i denne position! Lige så snart at jeg ville rejse mig, kunne jeg kun gå få skridt, før at smerterne i både arm, lænd og ben hev i alle retninger, og smertelindring var i en position som Klokkeren fra Notre Dame! Med en arm hængende løst ned og ryggen foroverbøjet!? Man er ligeglad med udtryk, når blot at det ikke gjorde ondt! Det kunne minde lidt om en diskos prolaps. Bevares så var jeg jo heller ikke nogen vårhare længere!

Jeg er kun "halv fems", som jeg plejer at sige!

Jobcenterets modsvar for de ledige er faktisk kun en evindelig virksomheds karrusel, hvor man skal faldbyde sig selv i 4 uger, for en registreret virksomhed! Det er total ligegyldigt, hvad som man kan blive sat til, blot at man ikke længere står skrevet i deres register, som at man er ledige hjemmegående!

Skammen, når man samtidig er i blandt andre, er slående hos de fleste. De færreste er åbenhjertig om deres håbløse situation. De fleste stikker en hvid løgn eller fylder på af andre mere interessante vendinger til at kunne forklare, hvem man er, eller hvad som man laver! *Jeg er projektmager! Blogger, Iværksætter! Igangsætter! Jeg tegner og maler, skriver bøger og laver optegnelser på prototyper til de små byrum!* Et eller andet som er lidt sjovere at filosofere om end ledighed blandt andre!

"Prekariatet" som kom som det nye udtryk i 2016, om de arbejdende fattige eller om alle de projektansatte akademikere, som har svært ved at bide sig fast på arbejdsmarkedet.

Det er bedre at være en arbejdsløs arkitekt end arbejdsløs!

Sagde rektoren til kulturministeren i sin tid, hvor begrundelsen for det dobbelt så store masse optag blev debatteret! Jo, vi blev spyttet ud på samlebånd!

Men forringelserne vil ingen ende tage, og truslerne bliver flere!

"Du skal tage imod dette ordinær job i otte uger, og så må du søge om kontanthjælp på ny, og se om du er berettiget, og det tror jeg faktisk ikke, at du er!".

Tak! Jo, jeg har føjet mig for andre arkitekters tåbelige parkplaner for vedligehold i Danmarks største park, med et skuffejern i de to mest krævende måneder! Total friholdt for ukrudt og ganske lige kanter! Barokstilen! Det var sgu barokt at gå rundt med et skuffejern! Misforstå mig ikke! Jeg vil gerne bidrage. Men det må også gerne give mening, og ikke blot flytte sandbunker rundt, og opretholde oldnordiske tekster om klasser og stil rundt om et slot reserveret for én familie! *Nej, du skal ringe til bestilleren!!* Og ikke en eneste kvinde i sigte som anlægsgartner! Nej, de skal nok tage et ordinært job - på en sy stue!!?

Man mener faktisk at størrelsen af de arbejdsledige, og folk på overførselsindkomst er konstant, og har været det i flere årtier!

De små op og nedgange er blot folk som i en periode står skrevet ind i en anden kasse eller system. Overgået til fleksjob, virksomhedspraktik, job afklaring, arbejdsprøvning, førtidspension. *Potato potato! All the same!*

Mængden er den, som kan virke skræmmende! For den ligger stabilt på mellem 800.000 – til 1 million uden for arbejdsmarked! Og 40% af fremtidig jobs bliver automatiseret! Væk! De forsvinder! Ni ud af ti studerende på lægestudiet er kvinder!

Hvad så?? Ja, det kræver også en vis kynisme at håndtere en kanyle og stikke andre i øjet for lindrings skyld! Det er ikke lige mig!

Så hvad er definitionen på lykke?

Hvis du opsøger folk på deres dødsleje. Vi taler de sidste åndedræt, før døden indtræffer, og reflekterende mennesker fortæller til deres pårørende, eller "portøren i virksomheds-praktik" som kører sengen over i det sidste afsnit, og måske er der i de døende minutter. Der vil du ikke finde et eneste menneske, som kan berette om, at de ville ønske, at de var blevet længere tid på arbejdsmarkedet!

Eller at de ville ønske, at de havde haft længere arbejdsdage og kortere ferie perioder! Det er fuldstændig ligegyldigt, om vi taler om arbejdsgiver eller tager i denne sammenhæng! Alle beretter om fuldstændige samme ønsker!

Mere frihed til at være sammen med deres kære
og generelle fritids sysler af does and don't's….!

Et fremtidigt arbejdsmarked vil bugne ved færre timer på et arbejde. Og forsøg med at holde 30 timers arbejdsuge er tiltagende. Men stadig kun forsøg! Man kunne også ligesom deles om arbejdet måske?? En af mine yndlings værker er 4 timers arbejdsuge! Det lyder som en joke. Men det er reelt nok. Og forfatteren klarer sig godt!

Ved du hvor mange timer, at Jussi Adler Olsen arbejdede sidste år på at skrive bøger? 0 timer! Men han indkasserede rundt regnet 600.000 på biblioteks afgifter!

Selvfølgelig er det ikke alle, som er skabt til at skrive krimier. Men man er alligevel nødt til finde frem til en eller anden form for passion, som også kan indgå på lige vilkår med selvforsørgelse, som at kunne indgå i familie og relationer. Til stede i NUET! Hente sine børn lidt før og tilbringe tid sammen i leg og samvær.

Det er trods alt det, som mennesket finder størst tilfredsstillelse i, i længden! Man kan godt være en arbejdshest og blande identitet sammen med sit job! Og hvis man skal fortælle, hvem man er ved det, som man laver, må det også åbne op for en mere flydende tilgang!

I denne uge skriver far bøger, og i næste uge holde mor foredrag!
Eller at de bager specielle Cupcakes, og starter en Bed & Breakfast!

Man er ikke sin jobfunktion! Man er blot! Væren. *Being* fra begrebet *human Beings,* som Eckhart Tolle meget rigtig fortæller!

At mandag morgen skulle have den største dødelighed for mennesket er jo grotesk! Hvorfor ikke om søndagen?? De fleste bliver faktisk syge lige snart, at de har meldt ferie eller holder fri. For det er der kroppen begynder at restituere fra *"flight og fight"!*

Og som Bruce Lipton beretter, lægen der har anskuet mennesket på et celle niveau! *Vi er ikke skabt til at arbejde.* Vores levetid er blevet forlænget med nogle år. Både grundet en medicinsk, teknologisk udvikling, men også med færre arbejdstimer.

Dog virker det til at stressniveauet stadig ligger, som en konstant overlægger for hvad vi som mennesker kan bære??

Vi holder af vores årstider. Vi sætter måske først mere pris på at holde fri, når vi ved hvad hårdt arbejde er? Men det er jo paradoksalt, at vi skal bibeholde komplementær begreber for at kunne formå at slappe af. Og at kunne sætte pris på de muligheder, det giver ikke at skulle sættes til at lave noget!

Hvad vil du gerne huskes for?

Hvad skal der siges om dig til din begravelse?

Hvad skal der stå på din gravsten?

Anton var en arbejdshest?! Han knoklede fandeme røven ud af bukserne?? Han sad konstant med næsen begravet i sin computer? Hvis han ikke talte i telefon, sad han i møder om aftenen? Sjældent kunne man fange hans interesse i mere end tolv sekunder på gaden?? Modmenneskelig Anton – Hvil i fred!? Hvad skal der stå?

Det er fandeme da trist! Ghita Nørby gik sidste år fra at være skuespiller til at blive et begreb! At fange journalisten på sine spørgsmål! *Hvad vil du gerne have, at jeg skal svare på det der??*

Skal vi lave en kop te?? Skal vi gå en tur i haven??

Overfladen er svær at skrabe i, når spørgsmålene ikke ringer fra et rent hjerte! Kan man svare et spørgsmål med et spørgsmål? *Kan man?? Er det rigtig?? Er det virkelig sandt?? Kan det blive ved??*

Hvad er vigtigt for dig? Penge? Magt? Berømmelse? Frihed?

Medbestemmelse? Aktiviteter? Samvær? Sammenhold?

Ensomheden er et stigende dilemma! Hvorledes engagerer man sig i et andet menneske, hvis man kun kan afsætte tolv sekunders samtale tid med en tidligere kollega på gaden?? *How are you? Fine.* Videre! Vi har travlt! Danmarks befolkningen har travlt!

Vi skal være effektive, og producere vækst og udvikling. Vi må endelig ikke gå i stå! Stoppe op! Sætte farten ned!

Vores lykke parameter ligger måske stadig i top fem! Men jeg tvivler, at vi fører ræset målt på ensomhed! Der virker alligevel til at Kenyaneren har en større omgangskreds, og flere pårørende som er engageret i det gamle liv! Og sikke nogle historier som hun kan fortælle!

Har du virkelig slået en løve ihjel med de bare hænder - bedstemor??

Ja, jeg har siddet tolv timer i snit foran min computer – hverdag!

Det er så kun mig, som har adgang til skrivebordet, hvor det hele er sorteret i mapper! Jeg ville ønske, at jeg havde arbejdet tretten timer hver dag i stedet! Sarkasmen er med til at pille brodden af det fallerede projekt, som vækst kan fremmane i dyderne som det gode menneske!

Det er jo den klassiske historie om Maria og Marie. Som forberedte sig på, at Jesus skulle komme at besøge dem! Der var jo så meget, som skulle gøres. Der skulle handles ind, og ryddes op, og laves mad og, og, og...!! Det var faktisk kun den ene, som kunne overskue at faktisk sidde og være tilstede, da Jesus tilbragte et par timer i deres nærvær! Til gengæld fik hun, hende som lyttede, på puklen for at sidde fastnaglet på gulvet i konversation med den fine gæst!

At være tilstede. *Er der nogle hjemme? Eller er du bare væk i dine tanker - Jesus??* Gør det vigtigste først, - fra syv gode vaner!

Vi har jo langt passeret informations tiden, og reformations tiden, industri tiden, og den teknologiske tidsalder, men har vi sikret fremtiden for hast og jag?? Man har fundet ud af, at det mest vanedannende er ens tanker! *Du er, hvad du spiser*, kunne forlænges med, at *du bliver, hvad du tænker!*

Jeg er arbejdsløs. Jeg er arbejdsfri! Jeg er stresset! Eller jeg er lige tilpas! Jeg er! *Eli Eli lama sabak tani? Min gud, min gud, hvorfor har du forladt mig?? Gud er død!* Jeg er lige her! Gud i alt! Bevares! Religion er roden til alt ondt!

Så hvorfor er så mange troende i hele verdenen??

Hvad ville du lave, hvis penge ikke var et problem?

 Hmm... Jeg laver altid noget. Pille bussemænd i fred! Tiden flyver! MEN....

Det sværeste er, at man skal blive god til at være alene. Alene med sig selv. Og sine tanker. Det mest vanedannende.

Over 350.000 lider af svær depression i Danmark! Fire ud af ti børn og unge er i sær ramt. Og de ældre savner en besøgsven, når partneren falder fra. Ensomhed eksisterer i os alle i større og mindre grad. Men det er store tal, som vi taler om.

Hvis du kunne bo alle steder i verdenen, så er det alligevel ikke forbavsende, hvor mange som vælger at bosætte sig i sin egen hønsegård. Æblet falder ikke langt fra stammen. Man er tæt ved familien og venner. Selv min pensionerede bror kan rejse alle steder hen i verdenen. Han bor en spytklat fra mig, som endnu er stavnsbundet. *At rejse er at leve,* men sjældent alene. Det var kun HC, som var i stand til det. Men han var også så gusten, at få ville gøre bøssen selskab! Danmarks engang så magtfulde mand. Nej, så hellere Blixen da, eller Isak, selvom "han" så skulle være fyldt med kviksølv!

Arbejdsløshedskurven har været konstant de seneste årtier. Det er knap en én million læsere. Fællesnævneren er måske hårde emner for Glade Citroner, og modsætninger til Arbejdsglæde, Leve i Nuet, Lattermild kurser. Men det er svært ikke at overse ensomhed, arbejdsløshed, og elendighed. *Ledig gang* siger man, *er roden til alt ondt!!* Ondt!!

Men nu har jeg været ledig i over ti år. Just passeret. Men jeg har da aldrig haft så meget optimisme i blodet, som jeg har nu på den anden side af ensomhed, elendighed, arbejdsløshed, hjælpeløshed, håbløshed og opbrud. Jeg skulle ligesom "finde mig selv" i det!

Men jeg er taknemmelig for, at jeg ikke indgår i den faste myre struktur med 37 timers arbejdsuge og seks uger fri om året! For det er alligevel uforeneligt med mit liv, og den grad også med de fleste andre, som jeg kender – her i "ørkenen"!

Vi vil heller kneppe, end vi vil knokle, for at sige det med klart spyt!

Jeg har en lille pige som resultat af det, som jeg bruger alt mit krudt på, og er i al taknemmelighed så meget sammen med hende, som jeg kan, når et barn nu er delt op! Skåret i to stykker!

Halvdelen af opdragelsen, i de begyndende år!

Mit barn er særskilt opdelt! Og hun navigerer i det som over halvdelen af andre parforhold i Danmark! Og det samme gør deres forældre i moderne familier, som opererer med lige og ulige uger!

Yderligere to en halv millioner læsere her!

En af mine yndet opslagsværker er: *Fire timers arbejdsuge!* Alt andet lyder stressfuldt i mine øre! Jeg følte dog sjældent stress selv med arbejdsuger på 85 timer i flere perioder!

Der havde jeg heller ikke min unge at tænke på! Nogle gange sov jeg på arbejdet! Det betød ikke noget! Det var mit andet hjem!

Min saxofon stod på gulvet! I det store åbne kontorfællesskab, hvor vi sad 25 mennesker fordelt på 750 m2 med udsigt udover byen. Kulturhovedstaden! Vi havde god plads! Min Vespa Grand Sport fra 1962 holdte i foyeren! Skidt pyt at den drypper olie!! Men jeg gjorde det mere hjemligt så at sige! De fleste kiggede dog sjældent ud af vinduerne! Men ind i computer skærmen!

Det sværeste ved ikke at lave noget er, at man ikke ved, hvornår man er færdig, sagde Groucho Marx! Og ens netværk smuldrer hurtigere end et franskbrød i regnvejr!

Hey – Solen skinner - over skyerne!! Og forståelsen for at man ikke har et arbejde, ligger på omtrent et minus! Det er fyldt med utrolig meget skam! Fordommene lever i bedste velgående! *Få dig da et arbejde!!* Sådan sagde jeg selv til andre *engang.* Selv til min egen bror! Jeg har sendt over 1.500 ansøgninger og været til omkring tre jobsamtaler, og stadig ikke noget job!

Har jeg spildt ufattelig meget af min tid på at søge?? Hvad??

Kunne jeg havde produceret en hel sæson af "Mænd der hader kvinder – 2"?? Eller "Vikings sæson 5 – 10"?? "Harry Potter nr. 40"? Og været selvforsørgende på nuværende tidspunkt i stedet??!

Det kan tage lidt tid at finde de vise sten!

Nej, man kan dø af at have et arbejde! Med de strenge krav og måder som vi interagerer med hinanden, og hvis lederskabet ikke er tilstede! Det kan jeg se rundt omkring! Tag Japan! Selvmordsraten er stigende i de udviklede lande!

Men jeg nyder det alligevel, på trods af mit chok, da nerverne satte sig i klemme, og jeg blev et "nervevrag"! Klokkeren fra Notre Dame! Ja, den er brændt ned – noget af den!!

Mængden af læsere stiger i forholdet til om deres tanker og virkelighed er inkluderet. Og derfor er der plads til og for sådanne typer, som Tony Robinson, Eckhart Tolle, Doctor Phil... Listen bliver ved! *Og også Dem latterguru Hr. Flint'stone – I persume?*

Kan man prototype sig ud af hjælpeløshed?

Kan man sætte ensomhed på skabelon? Er den fysisk?

Er det noget man går ind i? Et stort guldæg, som man kan træde ind i?? Og lægge sig på røde dun pudder fordelt på hele gulvet, og kigge op på himlen? Sammen med andre? Nyde stilheden og hinandens øjne? Eller lytte til musik? Grine? Andet? En stor empati maskine måske til tolv personer? Gennemsigtig indefra og guld på ydersiden? Et guldæg stående i alle de større byer? Hvad koster den at bygge? Hvad koster den at indtræde, når man låser op med mobilpay? Er den selvkørende? En lydbog? Skaber vi en bevægelse? En festival? Noget tilbagevende? En event? En ny måde at agere på? For de ensomme, arbejdsløse, de internationale, de hjemlige, de opdelte familier. For de yngre, de ældre, de arbejdende? Alle mennesker?

En ny protype? Uplifting alla Tony Robinson? Med hold undervisning? Eller som ham fra The Secret, der gik hele vejen med sine disciple, og forlod svedhytten, da tre gæster faldt døde om??

James Ray? Manden, der havde svarene på sin egen nedtur?

Eller som Peter Madsen? Jeg forstår stadig ikke hvorfor, at man valgte at destruere mandens ubåd?? Gerningssted eller ej! Man kunne da have beholdt den på bunden i Køge bugt - med ham i!! Fastnaglet som et forankret undervandsfængsel/museum for dykkere og nysgerrige, som vil blive klogere på en mands dybder! Og så tjene penge på stodderen og sende nogle af dem op til Kim Wall's pårørende som erstatning for hans tåbelige rundvisning! Som hun aldrig skulle have været nysgerrig på til at begynde med – Alene!! Hvorfor fik hun ikke deltagelse af en kollega? Måske at have haft en fotograf med ombord?? *Burde og skulle have gjort!?*

Jeg vil selv tag billeder af psykopaten!! Doing his shit!

"Det koster 14 stik i kussen din so!!". "Hun fik lågen i hovedet!" ??!

Hvordan stiller man sin egen begrænsninger op?

Her til og ikke længere!! Færdig. Her går mine grænser!!

Pass the line and you are dead! No return ticket! Go home!

Jeg er sgu hjemme, hvor jeg er! Jeg har også været i Syrien!

Men vi har nu stadig en for forståelse for de fleste mennesker omkring os! Hvis du så en hvid rotte finde et styk chokolade nede i kloakken, ved du så hvad, som den gør med det lille stykke, hvis den fik øje på en anden lille hvid rotte i kloakken?

Den knækker et stykke af sin chokoladebar, og giver den til den hvide rotte, og siger*: Hey, prøv lige af smag det her! Det smager herre godt!* Ved du hvad der sker, hvis en hvid rotte finder et stykke chokolade, og får øje på en sort rotte i kloakken?

Den knækker et stykke af sin chokoladebar, og spiser det selv - i en uges tid! Og så giver den et stykke til den sorte rotte og siger:

Hey, prøv lige af smag det her! Det smager herre godt!

Pattedyr er mere empatisk sammen, end mennesket kan huske fra sin natur! Det er svært at udvise empati for andre!

Hvorfor skal vi dele vores viden med andre??

*I er ikke som os, I tænker ikke som os, og vi ønsker ikke at vide,
hvorledes at I tænker – færdig!*

Turn the other cheek, som Gandhi ville sige!

Verdenen, som vi kender den, vil have svært ved at klare sig med
pattedyr, hvis vi ikke lærer at samarbejde og udvise empati for
hinandens gøren og laden!

Dette er vores videns cirkel. *Circle of thrust I might say!*

Vi har været *Crash Dummies* i mange år! *Vi har fucked alt op -
mange gange!* Vi køber plastikposer i spandevis, når vi handler
ind!

*Hvad fanden skal vi ellers bære det i?? Min trøje?? Jeg har sgu da
glemt at have en pose med! Nej, vi må vente på den skide "robot
slæber", som vi kan stille kurven på hjem! Eller bare hen til brint
bilen! Jeg tror sgu ikke på EL løsningen! Selvom at jeg overhørte
kronarving til Søren Jensen Engineers sagde, at det vigtigste var
"strøm"! POWER! Det er det, man kan bruge til alt! Men ikke med
mine batterier! De holder sjældent længe! Jeg forventer en bil grav
af Teslaer wannabies, den dag at vi løber tør for litium!*

Kan man skrive sig ud af problemerne, eller skaber det flere
problem?? Tavshed er guld, du ved!

We did not have sex with this young girl, miss Æewinsky!!

Ingen hører ordet "ikke"! Det lærte jeg i hypnosen*!*

*Do not look through this peephole to se what is on the otherside of
the fence at any point through the next 24 hours, that you are
standing there – doing nothing!*

Hold nu kæft! *Det var da nogle groteske ord, som du lige fik sagt",*
sagde manden i den stille sauna til mig!! *"Så skal du se dem, som jeg
får skrevet ned på papir",* svarede jeg tilbage!

Jeg kommenterede blot den søde dame, som havde fulgt efter mig
hen til de små saunaer, og jeg valgte at sidde i den "stille"!

"Det ligner da ikke dig, at vælge den "stille" sauna??"

*"Jo, fordi herinde kan jeg sidde med et lem på, og ingen siger noget,
for de skal være stille! Og det skal du også – Ikke? "*

Man jo få folk til hvad som helst med sit "ikke"!

Jeg har "ikke" tænkt på at sende en ansøgning til nogen i dag!

For jeg har "ikke" i sinde at visualisere flere fældede træer for at gøre plads til større motorveje, eller super sygehuse – nu i super, super størrelse! Det skal være BIG!!

Vi har lige fældet 18 hektar skov for at gøre plads til det kommende store byggerieet, sagde han stolt!

Nej, tie stille! Vær stille – hver dag!

Min far siger kun nødvendig ting:

Hvordan har vores lille pige det? Nå! Ja, det går fint i dag! Jeg har fået svar fra lægen på mit Maravan, tallene så fine ud!

Ja. Hej hej!

Det vender man sig til! Min mor har det lidt svært med det! Hun snakker som et vandfald! Og nu med begyndende demens! *Det går faktisk stærkt!* Sagde jeg nu det?? *Hvad sagde jeg??*

Det er svært at få remset op, hvad man selv har sagt, af andre om en diskussion, som går skævt!

Nej, du sagde først, at du aldrig havde ....bl.a. bl.a. og så svarede jeg at: Det jo måtte være fordi, det skyldtes noget med en meget spændende historie, som jeg fortalte – med alt det, som jeg stadig kan huske, som du har sagt engang til mig!

Hr. Flint'stone kan du huske, hvorledes at vi mødtes første gang?

Med et smil på læben, var det da min kæreste præsenterede dig og sagde: *At det er ham, som jeg har kysset på ned ved søen,* på Smuk festival! *Kom med, ham skal du møde! Ha ha!* Sjovt! Ja, det var sgu!

Vi har kun det sjov, som du laver!

Men man skal ikke have for mange økonomiske mellemværende med nogle! Husk at betale dine regninger! Også til forlaget!

Man skal holde, hvad man lover, som min datter siger!

Ja, det skal man sgu! Så må man gå den ekstra mil! Lave chokolade kage eller blive på arbejde og nå at skrive det her færdigt! Det her meget vigtige dokument af viden og indhold om eksistentialismen!

Hvad for en mente du??

Nå, chokoladekage! Ja, selvfølgelig! Din sukker narkoman –

Jeg vidste, at jeg kunne lokke dig! Alle kan lokkes med sukker!

Ved du hvorledes, at man afvænner rotter fra at tage heroin??

De vil gerne have heroin, hvis valget står imellem vand og heroin! Men hvis du kommer 2% sukker i vandet, stopper alle rotter med at tage heroin! Det mest vanedannende i kroppen – det er sukker! Og tanker! Tankesukker! *Åhh.. en kage!! Med fløldeskum! En Othellolagkage med marcipan og chokolade overtræk!*

Man kan faktisk leve af lys! Vidste du godt det Mr. Flint'stone?

Jeg gjorde forsøget – jeg syndede kun med tre måltider! På tre uger her i ørkenen! Med en *whopper*, og en lille lasagne ret – Ja, og det sidste husker jeg ikke som andet end en bid brød – med karrysild! Derudover spiste jeg ikke én krumme! Gik lange ture. Stod i solen, når den skinnede! Og drak vand! Jeg har aldrig haft så meget energi, som da forsøget stod på! Jeg sov i gennemsnit 3-4 timer! Frisk og veludhvilet! Jeg var ikke i fordøjelsen!

Alt energien kom fra kroppen!

Jeg tabte mig faktisk ikke nævneværdigt! Jeg havde et stort fokus på mit åndedræt! Det hjælper også på maven! Og så er lattermusklen god! Eller hoste musklen! Det lyder blot mere sygt at hoste frem for at grine! Men det ved du! Man kan være helt smadret i maven efter et godt grin! Man kan ligeså holde sig lidt stram i korsettet, selvom en læge afsløret for mig, at dem med den længste levealder i Danmark, var dem, som havde et BMI på 27!!

27!! Skriver jeg lige igen! Normalt er mellem 18 og 25! Og 18 er tyndt, og 25 er godt kraftig! Men 27 – det er tilnærmelsesvis fed! Man skal have noget at tære af på sine gamle dage! Jeg har set folk gå den anden vej, og begyndte at bygge deres bodybuilder krop op, efter at de havde fyldt 59 år! Og Dennis Knudsen som bliver mere og mere ekstrem *fit* fra fedt! Og nogle er begyndt at spille oldboys fodbold efter deres prostata diagnoser, og som udtaler, at de aldrig har været i så god form, siden de var 70!!

Det er sgu forvirrende med idealer! Skal man have langt hår? Eller skal man have fuldskæg og være skaldet? Måske med en lille hår trekant i nakken? En tatovering i hovedet? På næsen?? Bull's eye??!

 Er Brad Pitt nu sammen med Rachel fra Venner?? Jennifer Aniston?

Hendes mor?? Nej, hvor spændende, nu må du stoppe! Hvor meget viden vil du have, at jeg skulle kunne rumme?? Skal vi ikke fylde det op med noget andet i stedet? *Hvad synes du om Trump? Gør han noget godt for verdenen?* Nu får vi da et rumforsvar! Intet mindre! *Før de andre bygger det!*

Ja, hvem ved, hvad der kommer ud af det? Flere rumskibe?? Rum stationer?! Skulle vi heller snakke om befolknings tilvæksten?? Hvad gør "vi" ved den?? Jeg har fået én! Har du børn? Elleve?? Hvad fanden skulle du have elleve for – intet mindre!

Nogle får 53!

Det afhænger af IQ'en, plejer jeg at sige! Eddie Murphy er sjov, men han er ikke ret begavet med de ti børn. Men han har råd til det, med ti forskellige!! Ej heller Doktor Phil med sine seks børn! *Hvor skal de være henne?? Ja, jeg spørger ikke Eddie Murphy! Jeg spørger dig! Hvor mange kopier skal du bruge?? Har du nogen at dele dem med? Kan du huske alle deres navne?? Også når du har 53 børn Muhammed??* Det er dæleme svært!

Jeg har lært min datter at memorere. Med simple teknikker kan hun snildt huske over hundrede ting i rækkefølge! Det har hun kunne gøre, siden hun var seks! Hvor jeg delte i halvtid! *Skal vi lege huske leg? Du finder halvtreds ting i lommerne, og jeg finder halvtreds ting fra mine lommer og tasker!*

Men det er sgu sin sag at holde styr på så mange unger – for det er ikke alle, som får tiden med den rette stimulation! Der skal ske noget for en i livet! *Guds veje er uransagelige!* Det er min også! Ergo – *Jeg er gud!* Sig det til dig selv – *Jeg er guddommelig! Guddommelig dum. Jeg er....? !*

Jeg har ikke fortalt min historie færdig! Du afbrød midt i min videns overførelse!

Du skal vist bare sige: *Jeg er ?*

Og helst uden spørgsmåls tegn! Det er ikke et spørgsmål! Det er en statement! Ligesom *"Bliv der"! "Jeg er…. gået i stå – totalt!!! "*

Nej, det er pointers – pile – Men man skal gå vejen selv! Man skal blot finde de rette kæmper at stå på skuldrene af! Jeg står på dig, og du står på mig! Så kan vi se dobbelt så langt! *Nej, det er vist bedst, at du står nederst! Du har mudder på dine sko! Og vejer mere end mig! Bare mere,* sagde jeg!

Lev eller dø! Lev med døden.

HR.FLINT'STONE:

Ja, det lyder meget godt! Men jeg synes, at for at det ikke ender ud i ingenting, men at vi efter en måned står med noget i hænder! Noget fysisk! Jeg synes jo, at vi skal lave ti podcasts, og indenfor emnet

"Leve i Nuet"!

Men jeg har lige været syg, så det kører lidt i lavt gear! Men jeg vender lige tilbage i morgen og så synes jeg, at vi skal teste anlægget, om vi kan lave en ordentlig *optagelse!*

DR.LIVING'STONE:

Man må ikke håbe at det så er Coruna virus, du er blevet ramt af??

HR FLINT'STONE: Nej, vi snakkes i morgen – jeg er klar ved 9-10 tiden! Så må vi tag det andet senere, eller sideløbende!

DR.LIVING'STONE: God bedring så og lav en go dag!

TV2 var alligevel hurtigst med nyheden, om virusset var kommet til Danmark. *Første dansker smittet med dens vira!* Nyheden meldte første senere ud, at det faktisk var en redaktør hos TV2, som var smittet! Ja, de er først på banen MED NYHEDER OG REDAKTØREN VAR MEDSKABER!!?

ANERKENDELSE ER ALFA OMEGA

EXT. Saharas Ørken Dag

ALEX:

Hello, this is Alex calling. It is about your computer!

DR.LIVING'STONE: I don't have a computer..

Hun lagde på! Nå. Så venlige folk er, at spørge hvordan min computer har det! Er den død?? Er der sket noget med hende?? Har hun fået den i røven af en hacker, eller er det mon virus?? Corona virus?? Åh nej!! RESET!

*****

På vej hen til min datters skole, Waldorp, fortalte min pige mig, at de skulle nå morgensang, for de skulle synge for en. En voksen.

En mand. Han er vist gammel!

Vi kom lidt for sent, så min datter spurgte, om jeg "ikke" ville følge hende ind til morgensamling i salen, hvilket hun sjældent ønsker ellers. Og ganske rigtigt. Der var en smule spænding i dag, for hele skolen skulle synge kanon! - For pedellen! Som skulle på otium!

Det var varmt for nogle af børnene, som havde bundet de varme flyverdragter arme omkring livet. Den lange takke tale fra rektoren ville ingen ende tage. Der blev remset op fra: *Det Nyeste Testamente imens*, at der blev draget paralleller til Vagn's arbejde på skolen!

REKTOR TAKKETALE:

Vagn – Du har jo været her i en menneskealder. Du så aldrig på nogle af fejlene!! Du så altid KUN på det, som fungerede! Og tit stoppede du op midt i dit arbejde, og betragtede elevernes arbejde. Længe! Hver dag! Vagn, du er et varmt menneske, der altid har tid til folk. Du har aldrig haft travlt. Du tog dig god tid til tingene. Og nogle gange kunne der gå længe tid før, at du blev færdig med arbejdet. Og her får du denne krystalsten, som symboliserer din lidt hårde "flintestensagtige" udvendige personlighed og dit smukke "levende" hjerte" indeni. Og her er en buket blomster. Og en buket lige så til din hjælper, som også stopper om en måned. Og det er vist noget med, at I er i familie?

PEDEL VAGN: *Jo, det er mit barnebarn!*

DR.LIVINGSTONE: Jeg kunne alligevel ikke lade være med at grine. Men jeg kom til at tænke på den afskeds tale, som jeg fik efter knap ti år i samme virksomhed! Ingen! Eller ingenting. Intet! Ikke engang en småkage! Jeg blev ikke nævnt ved navn! Jeg ved heller ikke hvad, som jeg havde forventet efter at have tjent virksomheden med et "par" projekter til to milliarder?? Men Vagn blev alligevel anerkendt for sin tilstedeværelse på skolen! Og det er nok de flestes menneskers akilleshæl! Ikke at blive anerkendt!

HR.FLINT'STONE: Jeg har brug for en fridag...Jeg er klar torsdag!

DR.LIVING'STONE: Jeg venter bare. Nej toget er kørt! For nu går det stærkt! Vi har meget, som vi skal nå!

Er du på vognen? Eller er du blevet sat af et eller andet sted??

Hvis vi skal nå noget, må vi heller få begyndt med det samme! Jeg opsumerer. Målet må være fred. Fred på jord. Så kan det være under dække af en klimadebat, som lille Grete Thurnberg, som ikke er så lille længere, men står godt rystet og med stærke spindoktorer i dag! Målet må være ikke at skabe uro, men at ryste de unge til fremtidige vilkår på arbejdsmarked, med denne famøse arbejdsglæde! Lattermild arbejdsglæde. Leve i nuet! *Lev egos!*

Sagt på århusiansk! *Lev imens du gør det! Og lev imens at du tør det!* **Tør du at springe ud i det store ingenting?**

Som kan blive til alting! Den store messias på det store lærred! Den næste Simon Sinek! *Den næste hvem,* spørger du?? Google det! Men han taler meget for bedre lederskab både, som person og i virksomheder!

Vi kunne ikke finde resterne af nogen by før, at vi kom til at brænde skoven ned! Nå, der var den! Fedt, vi fandt byen! Men nu har vi ikke mere træ til brænde, og alle dyrene væk! Skal vi skride??

I sagens natur så er mennesket vel skabt til oftest, at vi bare vil skride fra det hele, når glæderne udebliver.

Hvorfra skal man så finde ressourcerne til, at ville bidrag med sin indsats, hvis gevinsten ikke synes af noget særligt?

Hvorfor tag på togt i Paris, hvis floderne er blevet lukket, og fæstningerne er befolket med soldater?? De har jo set Ragnar Lodbrog komme før!!?

Why do the effort?? Hvorfor bruge sine kræfter når det mennesket vil allermest, er enten at lægge ved stranden eller stå på det højeste bjerg?? Gå en tur i naturen, byen o.l. Altså at gøre noget andet*!! Stå i kostumer med sværd i skoven! Eller skydere!*

Why Work, I say??

Ja, men det skal man bare!

Vi har ikke plads til, at vi alle kan være hellige mænd i kilt! Eller kvinder i tyl skørter, korset og høje laksko! *Vi skal vel ligne hinanden?* Ja, det var et spørgsmål! Skal jeg ligne dig? Skal du med til Mars?? Ja, så bliver det uden mig! Arbejdsglæde på Mars! Nyd dit otium på Mars. Opium? Ja, tak så!

Nej, god rejse!

AUTOMATISERE!!

CONTRUCT

EXTRACT

COPI

SELL

REPEAT – #Go to 10

JA, det sidste var lige fra BASIS! Det er et computersprog! Et godt råd fra Steve Jobs* (Oversat *Arbejde!) var at lære et computersprog! Oversat – Hvad kan man lære af et sprog? Og et endda et sprog, som er konstrueret, og som har lært at konstruere sig selv – igen og igen?? Det som jeg lærte var at automatisere mine processor, så jeg var fri for at gøre dem igen gentagelige gange for ingen verdens nytte! *Do the job once, and do the coding!*

Hvad virker? *Go left!* Hvad skal dø? *Go right!* Og så videre. Osv.

Vi forkorter i processen, for hvorfor gentage sig selv – og så, så mange gange alligevel?? *Next year we shall go back to the West and plonder the Christians again!!*

Nej, man skal sende gode vibrationer ud til sine omgivelser og sit afkom, så det ikke bliver den nye Peter Madsen! Alle mod alle! At have hinandens ryg! *Jeg siger det samme som dig, og dine ord kommer ud af min mund! Som taget ud af munden! Jeg tænkte det samme.* Og fortsætter hinandens sætninger uden at føle sig afbrudt! Det er videns cirklen. At fylde på –

DNA koden og at lave en kopi RNA – Og fejlene skaber en variation af det originale! Brand – kan blive til Steppebrand! Og det som jeg mente var, at man skulle skabe et *brand*! Altså et mærke, ligesom et tøjmærke!

SELL. RePEAT. PYT? PYHH. Slap af! Det er ikke sværere end det! Først laver du et A stykke, så spiller du et B stykke, så skaber du et C stykke, og slutter af med et A stykke! Som Mozart ville have sagt det! *Du har om nogen forstået Bachs sande natur og dog så rene lyd!! One hit Wonder;-) Repeat!* Hvordan byggede vi Rom?? Find plantegninger frem! En Cirkel! Hvordan skulle vi ellers starte, hvis vi ikke stod i en cirkel! Det er derfor, at vi bliver bombarderet med korncirkler! Det er fordi, vi skal bosætte os i cirkler! Små væksthuse. Communities! At stå fælles om noget!

Hvad er vi fælles om? Fællesnævneren? Hvem bærer fanen?

Der er jo ingen, som er glade, hvis halvdelen vil spille rundbold, imens at der spilles en fodboldkamp! Fodbold fanen?? Nej! Flaget! Spiller vi samme spil? Og hvad er reglerne? Er det et tids bestemt spil? Eller indtil en er død - måske? Til døden? Infinite? Uendeligt? Har jorden en bag kant, må du være på forkant! Hvad er der på den anden side? Den anden side af bevidsthed? Pandoras æske! Hvad er der i boksen? *Aldrig afslør, hvad som er i boksen!* En tryllekunstner afslører aldrig sine tricks, for hvor forsvinder magien hen?? Hvor blev magien af ved det, som I har gang i??

Hvis ingen siger noget, hvad sker der så? Er det den, som råber højst? Eller at arbejdsstrejke med et skilt? :

Jeg vil være jarl af Hedeby. Her har vi det hedt og hot, kort og godt!

Følg med, tag en brochure med alle vores skønne billeder.

Jo, der er laguna og vandfald, spa og telt bad, bål og brand osv.

Jo, skabelonen er god! Du lokkede mig allerede, da du sagde chokoladekage! Og det med rotten, sagde tilskueren!

Jeg ønsker at skabe en ny Hedeby – Et samfund hvor vi har nogle fællesnævnere! Jeg er ligeglad om den bliver skabt på vandet, eller på land! Og nej, jeg hedder altså ikke Bjarke Bundgaard Ingels! Bundgaard! Hr. Big Bundgaard! Verdenens stjerne arkitekt!?? Le Es is more! Være i dit Es! Do your bEst! God BleEssed! CompredEs?

Jeg er lige glad!

En by hvor alle er lige glade alle sammen – lige meget tilfredse med hvorledes, at vi er sammen om at alle blot gøre deres bedste! For hvad kan man ellers gøre??

Ej, det var kun mit næstbedste, som du lige så der! Må jeg lige prøve igen? Jeg kan også synge i falset!!

Do – Re – Mi – Fa – So – La ….? … dooo!!

En cirkel for os alle! Dine guder, og mine guder i samme pærevælling! Her vil blive bygget templer, pyramider, domes og en masse måsker!! Moskéer? I en evindelig cirkel hele vejen rundt! Forenet! Arne Jack'obsen så det for sig!

Standing on the shoulders of giants! Arne Jac'kopi'sen kopier. Alle solgt en milliard gange! Copy!!

Control - Copy – delete!

Shit!! Undo!! Forfra! Sorry min fejl! Jeg kom til at slette det hele Chef!! Fuck, Har du en kopi?? Nå, det var godt!

Det er en cirkel! Den er forenet! Evindelig! Nu smider vi noget lyd på! En by for sanser! Violiner og sang! Og lys! Egen Atmos'fære!

Fællesskab! Ingen Vind! 25 grader! Hot Tubes! Romerske bade!

Hvor starter vi? Hvor skal vi begynde?? Spurgte pøblen!

På Midten! Alt starter på midten! Jerusalem er delt på midten! Nu med mange bosættelser på den anden side!! Berlin var delt på midten! Need I say more?

Jeg forslår et tempel på midten! En pyramide! Verdens ældste vidunder. Holdt længst tid!

Hvad skal vi have i tempelet??

Vores hjerter!

Har du ikke hjertet med i det, lykkes det sgu nok ikke!

HEDEBY!! HEDEBY

Og nu med bosættelser! Hvor mange er I? Kun jer to? Og hvem er den lille? Dig? Er du den mindste?? Er du klar til at stå frem??

Scenen er der – Hvad vil du sige? "Alle skal hørEs! Og sEs"! Anerkendelse rundt omkring! Men formen er en pyramide! Energien i den er ubeskrivelig! Prøv! Prøv selv! Lav en pyramide med mikadopinde! Og stil så et æble indenfor pindene! Og et æble udenfor! Hvad sker der så?

Ingenting! Nu har jeg stirret i snart ti sekunder!

Vent længere så! Energien skal lige have ved!

Æblet holder længere i pyramiden! Skal vi så alle bo i en pyramide??

Ja! Vil du leve for evigt? Eller hvad spurgte du om?

Nej, lev stærkt, dø ung – så vi får styr på befolkningstilvæksten!

Jeg vil gerne strejke for befolkningstilvæksten!

NUL VÆKST! VI KAN IKKE FÅ 100 BØRN HVER i HEDEBY

OG LEVE EVIGT!

2 grader koldere?

Skru ned for forventningerne! Vi har ikke alle svarene endnu! Ja, du får dem i hvert tilfælde ikke som den første! Men vi holder os inden for de geometriske parametre. De er opfundet og de virker.

En firkant er firkantet! Og så skal huset holdes rent! Hver dag!

Gamle tanker ud – nye tanker ind! Og ro på! Alle skal med! Balance! Harmoni! REspekt! Ingen nag! Din mor?? Ja, hvad med hende?? Hun har hængepatter, som jeg har hængt i, deller og er møg behåret! Vil du kneppe med hende?? Okay, det siger jeg til hende, må jeg få din adrEsse?? Hvor i Cirklen bor du på denne evindelig vej? Og hedder du Mogens, opkalder vi en vej og kalder den "Dit Navn!" D.I.T N.A.V.N – D.uer I.kke T.il N.oget A.lligevel – Vågn NU!!! Og her kommer cirklen – O for OP! P'et står for "Plads til alle"! Hvor skal du ellers være??

Vi ville ønske, at du ikke kom! Tak! Jeg vil også være Jarl i Hedeby!

Det kan du også blive! Du kan være Jarl Friis Mikkelsen!

Du har TV tække! Du må da være god til noget?? Et eller andet?? Skak?? Har du slået alle dem i skak klubberne omkring dig?? Er det den vej, som du skal gå? Skak Mester? Danske Magnus Tagmus?

Hvad er du god til?

I morgen laver jeg en kage! En æggekage! En æggekage form! I cement! Af dine ankler! Det er jeg god til! At støbe noget sammen i gryden!

DE TI BUD
EXT. Saharas Ørken Dag

MR.FLINT'STONE:
Hej – Doktor Living ☺ Jeg ringer Kl. 10.
Vil du lige læse denne artikel/side først!
Arbejdsglæde øvelser – et personligt valg

1 ud af ti øvelser

1 – Bevidst valg – Jeg vil være glad!

2 – Op med armene over hovedet som en vinder – Hver dag!

3 Tillid til at det går godt! – Så kommer det også til at gå godt!

4 – Taknemmelighed i 30 sekunder! Tak – Tak, tak til dig!

5 – Smil til verdenen og den smiler jo igen på bedste vis!

6 – Overdriv dine begejstringen! *Jaaaaa! Og ja for helvede!!*

7 – Mere bevægelse i dagligdagen! *Let røven og gå den tur!*

8 – Fri leg med hinanden! Håndboldspillere spiller også fodbold?!

9 – Anerkendelse i blandt andre er *win win*–Du var go, jeg er hugo!

10 – Mærke efter balancen i alting – Det som gør dig glad!

Så, ja – jeg har sendt dig det her link til arbejdsglæde øvelser! Så jeg tænkte, at det var et udkast til et oplæg, at der er sådanne ti emner her! Hvor at vi jo eventuelt kan snakke om hvert emne i en *podcast*? Eller to af dem eller?

DR.LIVING'STONE: Og den første er et bevidst valg?

MR.FLINT'STONE: Ja! Og vi kan også lige teste her, hvorledes at det vil lyde, og få det lagt over på internettet, så man kan høre lyden! Om det overhovedet fungerer? For der kan godt være lidt ekko, og det duer ikke!

DR.LIVING'STONE: Ja, og din telefon forbindelse skal også være god! Og du ringer fra en almindelig mobil nu? Og ikke over nettet?

MR.FLINTSTONE: Det gør jeg ja! Det ville måske være bedre??

DR.LIVING'STONE: Jeg ved det ikke? Jeg har da oplevet bedre lyd!

MR.FLINT'STONE: Hvad vil du foreslå?

DR.LIVING'STONE: Jeg kan også ringe dig op?
Jeg ringer dig lige op!

MR.FLINT'STONE: Det er Fred!

DR.LIVING'STONE: Ja, det er Idyl!

MR.FLINT'STONE: Det lyder bedre!

DR.LIVING'STONE: Lyder det bedre i dine øre?

MR.FLINT'STONE: Spørgsmålet er hvor godt, at det lyder på en *podcast*? Det er så det store spørgsmål?

DR.LIVING'STONE: Det er det! Eller også må vi forsøge noget forskelligt!

MR.FLINT'STONE: Ja, vi prøver nogle forskellige ting af! Indtil at vi finder noget, som virker!

DR.LIVING'STONE: Jeg har set folk optage video, og det kan være computerskærmens kamera eller et rigtigt. Derudover kan man jo også bånde hver sin lyd! Sådan at du har en optager, og jeg har en optager. Så har vi trods alt kvalitets lyd. Og det er altså lydbilledet der er vigtigst! Det er ligegyldigt, hvis filmen viser flimmer, og er sort/hvid! Og man kan knap nok se andet end skygger, hvis lyden blot er god! Hvis det er omvendt, total dårlig lyd, men billedet er ULTRA HD kvalitet, så falder folk fra alligevel..! *ZXKGggrrSJ7VAD?!!*

MR.FLINT'STONE: Ja, hvis du så den her med Marie, som jeg har delt på min *Facebook*! Hvis du ser de billeder, det er faktisk fra et studie på Christianshavn, som man kan leje! Hvor det er top professionelt udstyr, som du kan leje. Og det er bare lige i skabet! Og vi kunne også tage en dag hvor, at du kom herover. Og så har vi bare måske tre – fire timer i det rum? Hvor vi kunne lave det hele? Det er også en mulighed?

DR.LIVING´STONE: Det er også en god idé.
Vi kan lige så godt helgarder jo!

MR.FLINT'STONE: Ja, det giver måske også noget andet, hvis man sidder *face to face*! Så man har dialog.

DR.LIVING'STONE: Jo, nu har jeg jo startet på noget, på forhånd, og jeg ved heller ikke, hvad det ender med..? Og det er heller ikke sikkert, at du vil rodes særligt meget ind i det?? Det er egentlig bare en undersøgelse af: Hvilke målgrupper som findes? Og jeg er godt klar over at den målgruppe, som du prøver at have som et fokus, at det er arbejdsglæden, og det er for alle dem, som har et arbejds – liv!

Og det er cirka 2,5 millioner af Danmarks befolkning, som er ligesindet! Så har du næsten 2,5 millioner, som du ikke har i din målgruppe! Og jeg er jo også i den målgruppe! Og det er jo ikke noget, som jeg siger med glæde! Men det er jo heller ikke noget, som jeg siger med sorg. Og det er jo derfor, at jeg også kan lide dig, fordi der er ikke plads til sorg! Men der er ufattelig meget skam, som ligger i at folk nærmest lyver pr. definition, når man er sammen med dem, hvor godt at det går - i deres "arbejdsliv". Eller i deres privat liv, eller i et eller andet?? *Så er de projektmager, de er forfattere, de er musikere, de er alt muligt andet.* Nej, de er fandeme på kontanthjælp, eller de er i arbejdsløse, eller de er uden for arbejdsmarked! Og de er enormt stresset! Og hvordan bringer man arbejdsglæden ind i dem?? Og jeg synes egentlig, at dine ti bud/øvelser passer jo på begge målgrupper! Jeg er godt klar over, at de arbejdsløse måske ikke kan hyre Mr. Flint'stone til at komme ud og bringe noget glæde ind i jobsøgningen! Men det findes faktisk også! Og målgruppen er der!

MR.FLINT'STONE: Pudsigt, for jeg er jo lige blevet kontaktet af dem, der hedder Power Job søgerne! Der stiller jeg jo op gratis!!

DR.LIVING'STONE: Ja?? Men det behøves du jo heller ikke at gøre! Det som jeg tænker er, at selv en lille e-bog, eller en lydbog eller en *podcast* henvendt til nogle af disse målgrupper! *De ældre søger besøges venner i flokke, når partneren falder fra, så de sidder fandeme alene. Alle mennesker sidder alene – Også når de er sammen!* Og det synes jeg også, at jeg følte selv, da jeg var på arbejdsmarked med fuld fart!

Hvis jeg kunne sidde med mine høre telefoner på og kunne få noget arbejdsro, så jeg kunne få produceret noget, så var jeg i min arbejdsglæde!

MR.FLINT'STONE: Ja, men jeg synes faktisk, at det er meget interessant, at du nævner dem på kontanthjælp. Det kunne være meget sjovt at lave noget for den målgruppe! Fordi – Det kunne det faktisk! Nu er jeg jo vant til i min egen målgruppe – Altså folk som er på en arbejdsplads! Men dem som sidder udenfor arbejdsmarked, de mangler jo ligesom nogle af de værktøjer med *"Tillid & Power!"* Og at tage nogle bevidste valg!

DR.LIVING'STONE: Der er en engelsk professor Guy Standing, som i 2016 beskrev det begreb, som han kalder *"Prekariatet"*, som forsøger at belyse de målgrupper, som er i stigning, desværre! Men fremtidens jobmarked er projektansættelser, kort tids ansættelser, vikariater o.l.! Altså de gamle vilkår som tjenestemænds kontrakter der simpelthen var uopsigelige med mindre, at man hostede et uanseligt beløb op af lommen. Flere millioner! Det er jo forhåbentligt snart en saga blot!

Prekariatet inkluderer jo også det segment af akademikere, som *fandeme* heller ikke kan komme ind på det marked! Måske på grund af nogle gamle kontrakter, som er svære at opsige??

MR.FLINT'STONE: Ja, men det synes jeg faktisk, er en meget interessant vinkel! Den sjove vinkel kunne være, at hvis du også spillede med åbne kort, og sagde at: *Jamen, jeg er den arbejdsløse!*

Og jeg vil sgu gerne have ham, Fred Flint'stone, der altid snakker til dem, som har et arbejde, - til at snakke til dem, som ikke har det!!

Og ligesom den vinkel på måske?

DR.LIVING'STONE: Og det tror jeg, at du kan, og der passer dine øvelser, og dit væsen passer jo fint til hele befolkningen.

Eckhart Tolle taler jo heller ikke kun til primært til de religiøse eller de ikke religiøse, eller ?? *Det er jo dine guder og mine guder, og os som en bevidsthed, at vi snakker til!* Og ja det er jo arbejdsmarkedet, som er omdrejningspunktet for de flestes bevidsthed! *Arbejt macht frei!!* Nein!!

Men jeg synes, at der er ufattelige mange emner og målgrupper som vi kan hive fat i, uden at sige, at det kun skal handle om "Arbejdsglæde!" Jo! Den er jeg fandeme med på!

MR.FLINT'STONE: Jeg synes faktisk også, hvis vi skal gøre folk nysgerrige, at det vil være et meget godt trækplaster, den der med - at hvis vi tager dig, den som er udenfor arbejdsmarked, og mig som er … - ??

DR.LIVING'STONE: I den grad en del af arbejdsmarked! Og bruger det som et drive! Og det er jo derfor, at jeg lidt for sjov kalder dig for mr. Flint'stone, og jeg selv for Doktor Living'stone, både for at slå plat på nogle navne og egenskaber, men også for at lave sjov med samtalerne. Flintstenens hårde ydre mod den "levende" sten!

Hvorledes ville man ellers nå lidt i dybden med nogle ting?

MR.FLINT'STONE: Og alternativet, eller et oplæg kunne jo være? Når vi eventuelt skal mødes til den her *podcast*! Eller de mange bidder som den er, eller kapitler eller hvad vi kalder dem? Så kunne det jo være, at du har læst den her artikel? Som jo var i en avis om arbejdsglæde! Det var i en business sektion, eller et eller andet?? Og det kunne jo være, at du er ham udenfor arbejdsmarked, som gerne vil have nogle af de her værdier ind? De får jo dem ind af døren på en ordentlig måde!

Du skal tænke på, og det vil jeg også, når vi laver *podcasten*, at jeg er jo til jobsamtale, hver gang!

Jeg kommer ud på en ny virksomhed, hver gang! Jeg skal sælge mig selv hver gang. Jeg skal levere et godt første hånds indtryk – hver gang! Altså, jeg møder jo ikke på en arbejdsplads, hvor alle kender alle, og så kan man bare lige lulle sig igennem!

Jeg har første dag på jobbet – hver gang!

DR.LIVING'STONE: Du er ligesom Bamses Venner! Du skal jo levere varen jo!

MR.FLINT'STONE: Jeg er jo, som en job søger!! Jeg er første gang på jobbet hver dag!

Så det jeg laver er faktisk jobsamtaler hver gang fordi, de skal jo beslutte sig for at booke mig til én dag. Så jeg er jo hele tiden i job søgerens rolle! Så om nogen ved jeg hvorledes, at sådan noget føles! *Jeg skal sælge den her vare!*

Jeg skal have opgaven! Jeg skal have jobbet! Ikke?

DR.LIVING'STONE: Hvor meget af din tid går så med at kontakte folk umotiveret?

MR.FLINT'STONE: Altså jeg vil sige, at jeg gøre det i perioder, når der er stille!!

BiIB!!

DR.LIVING'STONE: Hvor kom vi fra?? Nej, jeg prøver bare at indkredse en målgruppe, og det har jeg altid fået af vide som iværksætter, at man skal finde sin målgruppe! Men hvis du spurgte Jesus, hvad for en målgruppe at han havde, ville det jo have væres hulens pinligt, hvis han havde svaret at:

Jeg er kun interesseret i at tale til dem fra mellem 14 og 18 år!!? Eller 22 – 45!!? Og det siger jeg faktisk som specialisten, som har forsøgt at bygge en prototype på empati! Altså hvorledes kan man gøre folk mere empatisk? Så de netop også har en større arbejdsglæde på jobmarkedet og en større glæde i livet – generelt!

Hey – Jeg taler ikke til alle de blå øjet lige nu!

Hold jer for ørene! Og næsen!

Og det er jo også en af dine øvelser med smil til verdenen!

Og du har brug for at være fysisk, og har man brug for det i en podcast??

MR.FLINT'STONE: Jo, det kan jeg jo sagtens blive. Folk kan komme, og jeg vil rejse mig op med armene over hovedet!

DR.LIVING'STONE: Og en ting er at have en lydbog og en anden ting er have et værk – eller en podcast som bare er en samtale, som er blevet noteret? For nogle målegrupper kan bedst lide at have noget i hånden! Nogle kan nøjes med det digital og andre vil helst kun lægge øre til! Så igen er der tre målegrupper med tre forskellige behov! Som udspringer af det samme redskab!

MR.FLINT'STONE: Yes!

DR.LIVING'STONE: Ja, og det er for mig en automatisering af de ting, som man laver! Fordi når det først er kanaliseret ud, og sågar oversat hvis man synes, at det har værdi nok, oversat sjov!

Så har man jo ikke haft et fokus på at indsnævre sin målgruppe, for at kunne finde en målgruppe! Men i stedet lade målgruppen finde os! Eller dig på vejen, for du får kommunikeret ud til alle, og ikke kun til nogen!

MR.FLINT'STONE: Ja, men hvad siger du til den vinkel, at du vil undersøge de her principper, som jeg bruger?

Om du kan bruge det i jobsøgningen?

Er det ikke en udmærket arbejdstitel, var jeg ved at sige?

DR.LIVING'STONE: Jo, så har du én million i din målgruppe, og i fagsproget og i din vinkel! Det er jo atter en nedsnævring, for du vil jo gerne snakke ud fra termerne til dem, som har arbejdsglæden??

MR.FLINT'STONE: Nej, nej det ligger jo idet! Prøv lige at hør engang. *Det ligger i ordet!* Du kan undersøge det i de principper ved de unge og ved de arbejdsløse, og til alle dem som har et arbejde! *Kan de også bruges til alle dem, som ikke har et arbejde??* Det er jo alle, som har et arbejde, og alle som ikke har et arbejde!

DR.LIVING'STONE: Jeg ønsker mig en bil med ALT i udstyr!!

Et rat, en speeder, kobling, gear og bremser! To forsæder. Et bagsæde. Bagagerum. Lygter -for og bag, nummerplade, karosseri med motor og fire hjul! Radio og højttalere. Klar til at kunne køre!

Du troede nok, at jeg ville have sagt *heksebøjle, fartstriber, terninger i frontruden, tonede ruder?? Turbo motor, vilde fælger!!*

But why?

Men godt! Bare at vi har begge vogne koblet på billedet! Så får du travlt! Efterfølgende! Må vi håbe! Lad os nu se. Lad os nu se!

Men Eckhart Tolle formår sgu ikke at dø af stress, og det kan alligevel undre mig! Han må have et godt følgeskab, som kan håndtere alt det, som følger med at bringe de gode nyheder!

Og at kunne nå ud til folk med et godt budskab!

Det var jo det, som evangelisterne kunne! Men det tog jo også 300 mennesker – 300 år at sammensætte til nogle gode evangelier!! Jeg ved ikke, om du ved, hvad et evangelium betyder?

MR.FLINT'STONE: Er det ikke et budskab?

DR.LIVING'STONE: Jo. "Et godt budskab"! Men nu har du jo sat mig på arbejde! Undersøger du selv nogle ting til næste gang? Eller går vi ud fra termen, at du har styr på alle ti ting?

MR.FLINT'STONE: Det vil jeg i hvert tilfælde have styr på, til når vi mødes. Det er helt sikkert! Jeg skal lige se her!

DR.LIVING'STONE: Jeg har noteret yderligere seks, syv sider til manuskriptet! Og jeg har sat det op som en konversations bog! Egentlig som et film manuskript, hvor vi sidder i ørkenen på et stilheds *retreat* overfor hinanden!

MR.FLINT'STONE: Ok??

DR.LIVING'STONE: Jeg ved ikke om, du har prøvet at være på et stilheds *retreat* ellers??

MR.FLINT'STONE: Jo, jo!

DR.LIVING'STONE: Men for mig at se er det al for barmene, hvordan folk, som har fået mundkurv på, ganske få timer efter udbasunere deres hjerte, som om at de skulle død i morgen!

Hemmeligheder som har ligget latent i 27 år! Finder lige pludselig vej frem til tungen, midt i ingenting i en ørken! Og det synes jeg, som et filmisk tema, er rigtig morsomt! En ting er, at du drømmer *podcast*, men for mig - Der ser jeg det i billeder – Visuelt!

Vi sidder ved et bål, og ved du hvad? *Ilden gnistrer, og vi kan knap nok høre en hund i det fjerne!* Altså. Der er stille omkring os! Og så har vi de her øvelser og vores liv og vores erfaring, og det er en videns cirkel, hvor vi deler! *Jeg har en kort pind, nu siger jeg noget for en kort bemærkning!* Det er ikke sådan, at jeg må nedgøre noget, som du sagde. Men man komplimenter på den måde, at man begge hælder ild på bålet – eller benzin havde nær sagt!

MR.FLINT'STONE: Ja. Men prøv at hør!

Det er godt, at kunne tænke stort! Det er alle tiders. Og jeg er, som sagt, med på den! Jeg har, som sagt, to opgaver her mandag, tirsdag med masser af foredrag, men ellers har jeg luft bagefter!

DR.LIVING'STONE: Så får jeg også tid til at notere, hvad vi snakkede om! For det er også brainstorm, at kunne se det på tryk! Nå ja! Videre i konteksten!

MR.FLINT'STONE: Ja, så det kunne være den syvende??

DR.LIVING'STONE: Du sender bare besked, når du er igennem. Så er jeg klar!

DR.LIVING'STONE: Ja, det kunne være fredag den syvende!

MR.FLINT'STONE: Ved du hvad? Det var en fin opstart på idéen!

DR.LIVING'STONE: Og jeg har også bil til rådighed, så jeg kan snildt komme, når jeg ikke har min datter, så endelig! Men hver anden uge!

MR.FLINT'STONE: Eventuelt fredag den syvende. Alle tiders. Lad os. Ja. Vi lige skrives ved.

DR.LIVING'STONE: Ja, jeg render ingen steder. Ja, lav en dejlig dag mr. Flint'stone. Hej! *Her – nu lægger jeg den korte pind igen!*

OPKALD TIL SYSTEMET

Jeg får mine folk til at kontakte din folk! EXT. Saharas Ørken Dag

DR.LIVING'STONE:

Undskyld det var lige Star'Ruth, som ringede. Min sagsbehandler ved Jobcenteret! Sød, afghaner som ringede spurgte hvorledes, at det går med praktikken? Altså den her bog! For jeg kan jo også sælge mig selv med løn tilskud! Info: Fint honorar, men du skal stadig søge to jobs ved siden af om ugen!!

STAR'RUTH: Så får din chef refunderet nogle af pengene. Og lønnen er jo noget højere! Og hvordan har du det ellers?

DR.LIVING'STONE: Det gør kun ondt, når jeg ligger ned!

STAR'RUTH: Og jeg har set papirerne fra din læge. Hvad var det, at han skrev?! *At det skulle nok blive i orden om et halvt år, men at du ikke er egnet til hårdt arbejde!*

DR.LIVING'STONE: Nej!

STAR'RUTH: Men det går godt nu?
Du sidder og arbejder for ham i København nu?

DR.LIVING'STONE: Ja, det er jo en *podcast*!
Så det bliver til ti *podcast* om arbejdsglæde!

STAR'RUTH: Ja, men det lyder jo spændende!
Det var det, som du gerne ville?

DR.LIVING'STONE: Ja, men jeg skal jo allerede finde en ny praktik plads snart igen bagefter?? Som en evindelig virksomheds karrusel mølle??

STAR'RUTH: Nej, eller løntilskud! Men du skal huske, at når du booker en tid hos mig, så skal du selv ringe til mig!!

DR.LIVING'STONE: Når jeg selv er inde at vælge en tid, hvornår at jeg vil ringes op, skal jeg ringe dig op i stedet fremover??

STAR'RUTH: Ja! Og hvis det er, at jeg skal ringe til ham der og snakke om løntilskud, så siger du bare til!

DR.LIVING'STONE: Det er smukt Star'Ruth!

SANDHEDSSERUM
EXT. Saharas Ørken NAT

DR.LIVING'STONE:

Har du fået noget at drikke?? Spurgte politimanden den middel-fede scooter kører! *Ja, jeg har fået tre øl! Og jeg ryger hash hver dag! Det er ikke min scooter. Jeg har ikke noget kørekort! Så jeg ved ikke hvorfor, at den kan køre langt over 50! Jeg lyver ikke! Jeg lyver aldrig. Jeg er et ærligt menneske! Og jeg har lidt stoffer i lommen. Det er amfetamin!*

Politimanden spurgte blot om kørekort, i forbindelse med en kampagne om at holde for gult! Men tak for alle indrømmelserne!

Det var som om, at manden var blevet stukket af et sandheds serum! Og bøder bonede bare der ud af med hans ærligheder!

Nej, førhen sad jeg og visualiserede ret pornografiske tegninger af bygninger, med folk kiggende over skulderen! Botanisk væksthus i Aarhus ligner et stort brystimplantat. Elsker bryster! På tre skærme! I dag foretrækker jeg at blot at skrive de erotiske kommentar, for der er alligevel ingen, som har tålmodigheden for at vente på svaret! Erotik! Eller at arbejde med lyd! Blot ikke optagelser af min egen stemme! Det er alligevel for trist! Vi må bruge en double!

Må vi høre din stemme? Har du en god stemme, som vi må høre? Har du en stemme? Eller foretrækker du stilheden – som jeg?

Lad mig være!

Bliv væk! Har det fint! Send flere penge! Tak! Tak!

Ja, det er godt! Tak! Mine arme er i vejret! Heil Hitler med et skovsnegle lignende svin på læben og en trekant i nakken!

Jo, det er op af bakke, på en punkteret cykel med et brækket ben og uden GPS!? Follow my lead! Do nothing! Sit still! Be quiet! Sccchhhh!

Alene med dine tanker!

Skal jeg gøre alt ting selv??

Ja! Det skal du! Skriv!

Eller tegn et eller andet! Vend det på hovedet! Kan du se noget andet?

Ja!

Hvad?

En havenisse! Eller måske en omvendt ost!

Kan den spises? Har du det godt??

Ja, jeg er i hver tilfælde ved bevidsthed!

Der er utrolig meget skam forbundet med ledighed! Så er man noget andet! Dj! Musiker, forfatter, blogger, dronepilot, hvad ved jeg?? *Helikopterpilot, psykolog, pleje iværksætter! Comci comsa!*

Here I am! Armene i vejret sagde jeg! *Jeg er en vinder! Stop med det var! Jeg er! En vinder!*

Du vandt – og jeg får ro! Fred og ro! *That is what people want! Fred og ro!* Hvem gider at høre på nogle, som råber?? *Den energi!?*

Nej, tak! Spred god energi! *Nej, hvor spændende Grethe med dit hud udslet! Tænk sig at Aloe vera kan gøre så meget i forskel! Nu er din hud ikke tør længere? Fascinerende!* Bevar et ægte smil på læben!

Hvad er dine magiske kræfter?

Jeg er superhelt! Jeg kan se igennem mennesker! Gennemskue dem! Det er min superkræft! Hvad er din? Jeg kan kommunikere med tæerne?? Er det dig?? Jeg kan ikke høre dig! Hvem har en stemme? Dig? Mig? Hvem? Klør fem! Ingen mand! Du er i ingen mands land! Nå, det vidste du godt! Limbo verden? *Falling, keep falling!* Hvad skal du så lave? Leve af? Hitte på? Noget i kølevandet? Et møde måske? En brillant idé?

Huskede du at gemme egentlig?? Skriver du det ned inden, at du glemmer det? *Save as ? Ass hol! Videre!* Huskede du at rapportere dine aktioner videre til systemet?

Ja, jeg har i dag haft en samtale med en rar dame, som spurgte til min computer! Det står noteret i min joblog! Jeg tror, at hun sagde, at hun ringede fra Microsoft" ?! Eller var det Peru!? Kenya, Indien?!

Ellers ikke noget bidrag af det store endnu fra "ørkenen"??

Skriv tilbage! Om seksten dage! Nej, 31 dage! Giv mig en måned, til at få styr på det her! Det er svært! Så meget for så lidt! Få armene i vejret! Smil "pensionist"! E-bogen koster kun det halve! Vær glad! Oprejst pande! Stolt! Jeg er her stadig! Bevares at jeg lugter lidt! Jeg har ikke lige fået børstet tænder! Måske drukket for lidt vand!

Får du drukket nok vand? Vandpose? 80% procent!

Eller du fylder dig måske jævnligt med opløsningsmidler eller og røg?? Festryger?? Ja, jeg skal give dig noget at holde fest for!

Narko?? Bevidstheds udvidende siger du? Er du ramt af PSTD da??

Skal du have MDMA hver dag?? Nej tak! Heller at have den VAsket af hver DAg! Og børst din tænder, når du vasker hænder! Sand kommer ind alle vegne med dårlig hygiejne! Hvornår tog du sidst et bad? Skal du have kalenderen frem? Sidste torsdag eller fredag? Nå i lørdags!! Ja, det er godt, at det først er torsdag i morgen!

Godnat! Det er weekend! Ja, selvom at du bliver spammet med reminders og aftaler også i weekenden, og planer i øst og vest, og husk ved tro og love og alt det der! Søndag morgen?! Ja – go morgen Danmark! Jeg skal nok starte på et arbejde juleaften på tro og love!!

Så passer du mine unger imens!

Jeg har nok altid haft et lidt skørt hår. Skør frisure! Sådan lidt Helmig krøller, som har sit eget liv! Altid en hårbørste på mig, de første tyve år af mit liv! Så fik jeg høje tændinger og så en måne!

Jeg kan hoppe ud fra mit vindue og stadig lande på månen!

Men så raget jeg hele lortet af, og har så været skaldet i en menneskealder! I stedet fik anlagt mig et skæg, som kan rumme et helt mikado spil! Lidt Ragnar Lodbrog er man vel! Men så opstod firkanten! I nakken! Lige pludselig, efter at jeg havde fået et råd om at skrue ned for min *"weirdness"*, som han kaldte det! Skruet jeg i stedet op for min *weirdness,* og anlagde en firkant i nakken! *Slut med at ligne Blackman! Nu må han ligne mig og de gamle vikinger. Alt starter jo så firkantet alligevel! Men det var svært at holde så kantet, at firkanten efterhånden blev rund i stedet! Kæmpe arbejde hver gang, at jeg en dag blev opgraderet til en trekant!*

Pyramiden igen! Kæmpe fallos i nakken af hår! Tre sider! Intet mindre! Nemt at holde.

/>,

Saml op – og gør dine ting tilgængelig! *Overvågningsvideo af dig som sidder i en gammel hvid havestol og kæde ryger!!* Det er sikkert sjovt, og kan risikere at gå *viralt*!?

Men du kan lige så godt erkende det! Den cykelrytter som vinder Tour de France år efter år, er den, som har den "bedste" læge!

Man er dæleme nødt til ikke at være den dummeste i klubben!

Bruger du doping? Doper du dig med noget?

Hey, kan du skaffe mig to liter mælk??

Får du noget hjælp? Har du nogle til at varetage dine interesser?

Kommer du med til "hemmelige" netværks *lodge* møder med chefer fra DR, TV2, og borgmestre fra diverse kommuner?

Findes der "hemmelige" klubber?? Hemmelig, nemlig! Åh alle de spørgsmål! Køb dig en billet på førsteklasse, hvis du vil prøve at rejse i blandt folk på førsteklasse! Det virker bare til, at festen er sjovere på tredje klasse måske?? Eller discount klassen??

Giver du discount? Jeg vil kun give det halve af det halve! Hvad der er sparet, det er tjent! Jeg ville have købt en Porsche til 900.000 kroner, men jeg købte den ikke alligevel! Så har jeg vel lige sparet næsten én million så - ??! Jeg skulle have købt to! Satans! Men det giver god mening at købe to! Så beholder man én i original æske, og lejer den anden ud! Eller leger med den selv!

Kommer du til premieren? Og til forsamlinger på rådhuset?

Gør du?? Det er sjældent, at jeg orker noget som helst!

Hvem vil melde sig frivilligt til noget?? *Jeg vil gerne stå for det, som du snakkede om, med at hjælpe til i køkkenet til det der kæmpe hindu event i London, hvor der kommer 8 millioner, som skal have noget at spise ca. 200.000 på skift hvert tyvende minut!! Frivilligt! Tak! Jo det bliver en oplevelse, og dine synder bliver forladt! Sønner?? Ja, det er synd!*

Har du fået armene ned igen?? *Er det allerede mandag igen??*

Godt næste punkt på dagsorden! Hav tillid til at det nok skal gå, og vær taknemmelig! Glad *lille gris*! Omfavn dine fejl!

Min datter fandt ved en fejl ud af, at hun kunne sætte sin Netflix på pause, fra telefon, med den almindelig fjernbetjening – ved en fejl!

Hver tredje er arbejdsløs – Hver tredje drømmer om sex med en anden! De to statistikker har ikke noget med hinanden at gøre!

98 % procent af alle statistikker passer kun til dine pointer.

Don't set a goal for life – Goals are just your dreams and desires – Your dreams and desires are borrowed from somebody else!

Spol tyve år frem, har du så lært nok empiri til at kunne give dig selv et målsæt?? Har du?? Hvad ville du sige til dig selv tyve år tidligere??

Vask dit hår! Brug hudcreme! Tag et bad! Du lugter! Du får aldrig noget fisse! Skift underbukser – hver dag kammerat! Live fast, die young?! Ny bevægelse for at nedbringe døds alderen og den hastigt stigende befolknings tilvækst! *Lev livet i overhalingsbanen! Tag nogle chancer! Prøv nogle flere stillinger!* What?? *Sex stillinger!*

Hvilke råd vil du giv dig selv??

Vær standhaftig? Vær dig selv! Hvem skulle du ellers være!?? *Vær i nuet mand! Kvinde! Arbejdsløse! I arbejdsglæde!* Har du noget at lave? At give dig til..? *Maler du?? Skriver du om din egen psykoser?* En blog? Og hjemmeside?? Ingen åbnings tider?? Åben efter aftale!

Har du nogle følger? Ligesom Jesus? *Ja, jeg har tolv disciple! De gør, hvad jeg siger! Ingenting! Sid med hænder i skødet!*

Stille sind!

Har du noget at tilføje i din tillids søgen?

Tillid til stilhed!

Sti-le-lid-hed! Kald det hvad, som du vil!

Et begær for et formål??

Hvilket formål har du ? Mening med livet? ER der et mål?

Mere fisse?? Videre næste!

Havde du forestillet dig at livet var et eventyr?? Hvilket eventyr?

Tornerose?? Av!

Det gælder vel om at udvide sin horisont! End at søge et formål! *Hvad er formålet med matematik??* Åh gud! Planters rotationer! Ikke så uventet kometers bevægelser i rummet! Nærbilleder af Pluto! Tyngdekraften? Hvad bruger vi den til? GPS. Stop. Fald ned!

Hvad vil det sidste være, at du skulle sige højt lige inden, at du døde? Jamen, vi drukner dig i spørgsmål! Alt det som du selv skulle have spurgt om for længe siden!

Må jeg bede om noget mere vand??

Nej, det var vel ikke det, som du ville sige?

Fred på jord – fred i dit sind! *Fred eller krig?*

Nej, vi skal helt ned i gear! Op på vognen! Nej, ned igen! Nu bliver du bare siddende. Det er hårdt at kigge på! Sid nu ned for fanden! Du vil stå op! Også når du læser?? Nå! Kun når du sidder ned! *Sidder du ned, nu så? Nuser?* Du kan selv være *Nuser*!

Vi skal ikke have ondt nogle steder!

Har min kæreste Sussanne kontaktet dig?? Hende med den store røv Steen? *Nå, men hun har ellers kontaktet alle mine venner! Så jeg tænkte, at hun også havde haft kontakt til dig! Hun lægger an på alle mine venner, og bilder dem ind, at jeg er sindssyg og slår hende!*

Hold nu kæft! Det er noget, som du lige bilder mig ind! Jeg anede ikke engang, at din kæreste hed SusSanne!?

Nej, det kan være svært at se meningen med nogle relationer –

Nogle gange! *Bland mig uden om jeres intriger!*

Så holder jeg også mine intriger udenfor! Jeg skal ikke blandes ind i noget! Jeg har tillid til, at det nok skal lykkes! Hvorfor møder jeg altid sådanne idioter?? Fordi du står i arbejdsløsheds køen - Måske? Eller er blevet parkeret med de andre nørder på jobbet??

Hvad laver du her? Hvad bidrager du med? Er du til nogens nytte? Hvad glæde får vi ud af at have dig gående? Skal jeg blive ved?

Er du til noget bidrag? *Jeg har skrevet en tale! Jeg har skrevet en sang, som vil sørge for at mine børnebørn kan leve i sus og dus, ligesom med Otto Brandenburgs "Skilamadinka, dinka du"!*

Bare at det snart var jul! Kan ikke vente?? Åh gud! Hvem havde set den komme??

En jule sang? *It is Christmas time….and ?* Nej, den er taget! Kom nu på noget!! Et eller andet!! Hvad som helst! Så du ham den lille dreng, som kunne spille violin, så det lød som *playback*, på "Hvem har talent"? Han røg direkte til finalen, da Simon Comwell trykkede på guldknappen! Så du også vinklen? At han var blevet moppet i skolen, og fordi han havde haft leukæmi, siden at han blev født? Nu hoppede han så rundt som en stegt høne på scenen direkte i finalen!

Den hjemløse som kom ind fra gaden, fordi han havde en karismatisk stemme til et program! En eller anden vinkel?? Nå, du har et hus eller et sted at bo nu, og har haft det i fjorten år?? Du er blot ligesom alle andre! Men historien var god! Jeg har tillid til, at kunne komme ind fra gaden til en chefstilling! *Goddaw! Jeg hedder Svend Sved!* Nej, den er vidst også taget! Nej, det er svært at være unik! Min kunstform er stilhed! *Falske øjenvipper fra Max Faktor??*

MR. FLINT'STONE: Hvordan synes du, at det virker?

DR LIVING'STONE: Jeg synes da, at det virker. Jeg har tit armene over hovedet, og jeg er tit glad og smiler til verdenen.

MR. FLINT'STONE: Ja

DR LIVING'STONE: Og jeg har noteret undgefær halvtreds sider inkl. vores seneste samtale, også for at have en rød tråd!

MR.FLINT'STONE: Hold da kæft!

DR LIVING'STONE: Så det går da frem af!

MR.FLINT'STONE: Du er simpelthen da så aktiv!

DR LIVING'STONE: Jamen æh, det skal man vel også være! Det har da godt nok også været en kold omgang i dag!

MR.FLINT'STONE: Ja for hulen da!

DR.LIVING'STONE: Det kan godt være, at vi har registreret den, som den varmeste måned nogensinde, men det er stadig den koldeste måned på året!

MR.FLINT'STONE: Ja, det er det!

DR.LIVING'STONE: Men jeg hørt optagelserne igennem og jeg kan prøve at loade dem over på en computer og sende dem til dig. Men jeg synes da, at lyden er til at have med at gøre!

MR.FLINT'STONE: Altså den som vi lavede sidst??

DR.LIVING'STONE: Ja!

MR.FLINT'STONE: Ja, men lad os prøve at høre det og så. Ja og så at se om vi kan arbejde videre på den?

DR.LIVING'STONE: Det kan være en mulighed. Jeg prøver at sende den til dig, lige så snart at jeg har fået loadet den over!

MR.FLINT'STONE: Prøv at send den til mig, og så ringer jeg til torsdag eller sådan noget – måske? Hvad siger du til det?

DR.LIVING'STONE: Ja, men det står dig frit for!

MR.FLINT'STONE: Ja, men skal vi sige det?

DR.LIVING'STONE: Jo, så er det sagt!

MR.FLINT'STONE: Jo, men så lad os lige snakkes torsdag så!

DR.LIVING'STONE: Jeg prøver at sende dig en fil i morgen, og så kan du prøve at høre, hvad du siger til det?

MR.FLINT'STONE: Ja! Jamen, det er en aftale, så tales vi ved!

DR.LIVING'STONE: Jamen, lad os sige det Mr. Flint'stone.

ER DU I GANG ELLER LAVER DU OVERSPRING??

EXT. Saharas Ørken Dag

DR.LIVING'STONE:

Vi opsummerer. Har du truffet et valg om at få noget mere glæde ind i kroppen? Har du haft armene over hovedet i dag? *"Jeg er en vinder! "* Går det godt? Eller bare lidt bedre? Går det i det mindste frem af med tilliden?? Tillid og taknemmelighed! Hver dag! *"Jeg har tillid til at universet, finder en vej til mig. Og jeg er taknemmelig for at det endelig ser ud til at lykkes"*! Dine 30 sekunder starter nu!

1 – Bevidst valg – Jeg vil være glad!

2 – Armene over hovedet som en vinder – Hver dag!

3 Tillid til at det går godt! – Så går det godt!

4 – Taknemmelighed i 30 sekunder! Tak – Tak tak til dig!

***************************** og 30 sekunder senere! Hver en * var et sekund!

Så kom vi til noget mere smil i hverdagen! 5 – Smil til verdenen og den smiler igen! Det kan jeg se i pigernes øjne, og i chefens, når jeg fortæller den gode nyhed om hans gravide datter! Med stor begejstring skal han nu være morfar med børnebørn af forskellige mænd, og nu eks ansatte på kontoret!

6 – Overdriv dine begejstringen

Overdrivelse fremmer forståelsen! Jeg er lykkelig arbejds fri! Jeg kan gøre, hvad jeg vil! Og når jeg vil! Jeg er ikke afhængig af at skulle gøre det samtidig med alle andre! *Rushhour* er erstattet med *Happy hour*! Mellem 9-11.,14-16.! *Pensionist tilværelsen længe leve!*

7 – Mere bevægelse i dagligdagen! *Let røven og gå en tur! Kom op til bingo med de andre banko hoveder! Bingo banko!*

8 – Fri leg med hinanden! Husk håndboldspillere spiller fodbold?!

Jeg plejer at citere fra min akademiske ven, den engelske og franske kyndige underviser Joe Christmas med dansk Royalt blod i årene, og stadig udenfor arbejdsmarkedet efter en kræftdiagnose.

Hey Joe
Så stærkt som du dog render
Sig mig
Er der noget, som hos dig brænder?
Hey Joe
Kom nu lige og sig hej
Det dør du ikke af, nej
Jeg kommer og går, som det passer mig
Har ikke det mindste styr på klokken
Jeg har al den tid, der skal til
Det venter mig på hjemmefronten
I mit lille vinterhi
Er en kold seng
Uden nogen i

Hey Joe
Lad os chatte lidt
Men om hvad?
Hey Joe
Tsunamier, Muhammed-tegninger og terror
Du er fløjtende ligeglad
Og som du siger: "Livet
Er en plads i solen og sex på et fedt hotel
-   hver mand for sig selv?"
Og til dig, mester
er der altid en plads
men ikke til mig, vel
Hvorfor?

Hey hey Joe
Hvad er det der er sket for dig?
Hey hey Joe
Dit liv er jo så let som en leg
Du har aldrig tomme lommer
Kører rundt i årets bil
Det bedste er ikke for godt til dig
Du fører dig frem i fed stil

Men Joe, jeg ejer røv og nøgler
Drømmer om at have en kæreste
Én jeg kan have helt for mig selv
Men det ser ud som, om at det kun er dig, Joe
Der har den form for held
Ser du, Joe
I går drømte jeg at jeg så ud ligesom dig
Men Joey
Jeg vil hellere se dig lide
Så ham her gi´r jeg også til dig
Med held og lykke fra mig

KONGEN AF DANMARK OG DEN FRIE LEG

EXT. Saharas Ørken Dag

DR.LIVING'STONE:
Nej, vi vil hellere kneppe end at søge job, som kongen af Danmark kalder jeg ham, plejer at sige!! Han er den ældste i rækken af de royale "bøsser!"

KONGEN AF DANMARK:
Har du Isa? Nej, hvor det dufter af ikke ryger lejlighed.

DR.LIVING'STONE: Sådan dufter det vel også i din?

KONGEN AF DK: Nej, det dufter af noget blandet med marihuana!

DR.LIVING'STONE: Nej, det kan ikke passe!

KONGEN AF DK: Jo, det gør der.

DR.LIVING'STONE: Nå. Det var da mærkeligt! Og sikke dejligt at solen skinner selvom, at det er iskoldt!

KONGEN AF DK: Hvem har tegnet Isa?

DR.LIVING'STONE: Det har jeg !

KONGEN AF DK: Nej, hvor er den god! Men det er lavet fra et billede! Det er sjovt, at man kan se det! Fordi det ligner ikke godt nok!

DR.LIVING'STONE: Nej!? Hun vender også på hovedet!

KONGEN AF DK: Ja, ja. Fordi noget af det aller sværeste ved at være portrættegner, det er faktisk ikke at få tingene til at ligne! Det er at få størrelses *fucking* forholdene til at være korrekte!

Du kan se, at det er jo knald eller fald for de portrættegnere på TV. De har en god aften og..??

DR.LIVING'STONE: Årets program??!

KONGEN AF DK: Blev det det?? Var det så godt??

DR.LIVING'STONE: Så godt produceret. Det var det, som danskerne havde manglet! Sidde at kigge på nogle som bliver tegnet i tre versioner!

KONGEN AF DK: Ja, det er faktisk svært at filme det på en fornuftig måde! For det ser vi jo ikke! Programmet varer jo ikke tre timer! Så progressionen er jo spændende for beskueren! Du får kun lige lov til at se en streg, som bliver ført! Ikke andet! Du ser dem aldrig arbejde! Du ser nogle status Q'er.

DR.LIVING'STONE: Sådan er vilkårene – Jeg er ved at bage brød!

KONGEN AF DK: Er du!

Jeg har også bagt så meget! Hvis du spurgte til hvorfor, at jeg ikke har kage med? Så er det fordi, jeg lige har stået i Føtex, og ingen af deres kager appellerede til mig! Og jeg har lige haft den *kæmpeste* pik i mig!

DR.LIVING'STONE: Nej!!

KONGEN AF DK: Jo!!

DR.LIVING'STONE: Og så har du også søgt jobs?

KONGEN AF DK: Jeg var på Fuglsang i fem minutter!

DR.LIVING'STONE: Og det var en samtale i 3 minutter?

KONGEN AF DK: Nej, Jeg var på Fuglsang i fem minutter, og jeg havde planlagt at være der i to timer! Og jeg kunne godt se på det hele, at med så stor en pik så....?? *Nu skrider jeg!*

Hvad er det for noget brød, som du er ved at bage?

DR.LIVING'STONE: Ja, jeg har lige klasket noget brød sammen af noget mel! En kop kaffe, var det det?

KONGEN AF DK: Ja tak! Det er noget sundt brød eller hvad?

DR.LIVING'STONE: Ja, det er lidt blandet mel sorter

KONGEN AF DK: Mette og Andreas kom med brød i går! Jeg har selv købt pølsebrød. Minas søn og svigerdatter var hjemme i weekenden, og hun havde købt dyre krydderboller. Økologiske ekstra, det ene og det andet! Dem ville hun heller ikke have. Så vi har otte forskellige slags brød stående på disken derhjemme!

DR.LIVING'STONE: Intet af det er hjemme bagt? Men bragt??

KONGEN AF DK: Intet! Det sidste som jeg har, som er hjemmebagt, er fastelavnsboller. Dem har jeg bagt tre gange. Men se lige, hvad jeg lavede i lørdags og distribuerede til ni mennesker!

DR.LIVING'STONE: Er det fiskefrikadeller?

KONGEN AF DK: Nej, det er japansk *Qiosa*. Dampet på den ene side, og stegt på den anden side. En lille smule svinekød, kål og ingefær, stegt og dampet på den ene side. Og masserede ris kogt i grisefedt. Men jeg sendte fire op til Mina og hendes selskab. En op til Else, og et sæt op til Mette og Andreas, og det viste sig, at de havde besøg af deres fede søn – Felix. Fra København. Men han er lige kommet hjem fra Kina. Han er fed, og er kommet på førtidspension!

DR.LIVING'STONE: Så nu kan han godt bo i Kina og tage Coruna??

KONGEN AF DK: Nej, det har han gjort ved sin studie tid ved universitetet. Andreas søn Felix, ham ser vi aldrig! Han er ligesom Niles Maries i Frasier. I tolv år ser man aldrig Maries!

DR.LIVING'STONE: Men hvor man hører om hende af omveje?

KONGEN AF DK: Ja, *og Felix taler mange sprog, og Felix ved alt om græsk historie, og Felix dit og Felix dat!*

DR.LIVING'STONE: Men Felix har ikke et *fucking* arbejde??

KONGEN AF DK: Nej, Felix bor på Nørrebro i København.

Hvor han lever som førtidspensionist, efter at han har været i Kosovo som soldat. Så er hans liv røget i stykker. Og så har han siddet i lejligheden, og har fået den vildeste psoriasis! En psoriasis som er så vild, at han ikke engang vil i kontakt med hudlæger!! Og så har han taget hundrede kilo på!? Så Mette og Andreas, nu har jeg boet der i ti år, jeg har aldrig mødt Felix!? Han er hjemme, otte, ti gange om året! Når jeg passer deres kat, så er det fordi Mette og Andreas er med Felix i Rom! Her fornyelig var de med Felix til Midnats gudstjenesten i Rom! Paven vil gerne have lov til at kneppe Felix! Men Felix har så åbenbart resideret i Kina, så han ved godt at *Qiosa* skal smage af ingefær og kål. Dyppes i sød chili med soja og rismel og så videre.

Ej, jeg har så travlt i øjeblikket, at jeg er ved at skide i bukserne på nuværende tidspunkt!

        DR.LIVING'STONE: Hvad har du travlt med??

        KONGEN AF DK: Jeg har travlt med ingenting!!

        DR.LIVING'STONE: Og det skal gå stærkt nu!

KONGEN AF DK: Mario har præmiere på sit nye show i går, og ham har jeg jo travlt med at komme ned at kneppe med så snart, at solen står op om morgenen! Så er Marios mand, som er tog konduktør, og han tager tidligt af sted på arbejde med Arriva. Så ved 6 tiden siger min telefon ”Bing!” Så står der: *”I am horny!”* eller *”I want to fuck!”* Men Mario er nøgen balletdanser nede ved Bora Bora, og hans show er lige startet og de næste 20 dage! Så tænkte jeg, at hvis han skal optræde fra klokken 20 til kl.23 om aftenen, så kan han sgu da ikke have fat i mig om morgenen!

Men jo. ”Bing!” i morges klokken 6! Og så skal jeg hver morgen finde på en undskyldning! Overfor min mand! *”Åh der er billig benzin ned på Inko! 8 dit og dat!”. ”Åh jeg skal lige køre Achmed på arbejde!”*

        Hvad har Achmed fået arbejde??

Jeg kan godt sige dig, at jeg har et bag katalog af løgne på størrelse med...??

DR.LIVING'STONE: Århus?

BING

KONGEN AF DK: Så?? Bare at det ikke er Mario!!

DR.LIVING'STONE: Nej, det var min! Ingenting er vigtigt! Ja, det er fra *"Linked in!" Der er nogle, som har kigget på din profil!"* Det er dæleme vigtig info! Min bror kan få nyt arbejde igennem "Linkedin!" Der er han, med sine 35 forbindelser, blevet spurgt om, han ikke kunne lokkes til noget andet en Ramboll!

KONGEN AF DK: Ja, med ingeniør?? Ja, det er noget helt andet!

Jeg skal også bare i gang med at søge her til foråret! Jeg har da stor tiltro til, at når jeg så går i gang, så finder jeg da hurtigt et! Jeg tager pænt tøj på, og tager en dag ned til Dan Transport, og snakker med et par fyre, som jeg stadigvæk kender, som er chefer dernede. Og siger til dem:

Hvem mangler en fransktalende shippingmand??

Med Brexit her...?! Der står i avisen lige nu:

Speditørerne er i heftigt udbud!

Fordi nu skal de til at underskrive toldpapir, og det skal der jo bruges translatør til! Jeg kunne godt forestille mig et tyve timers job, hvor jeg sidder og deklarerer kontainere nede i multi-termimalen...

DR.LIVING'STONE: *Speed, amphitaminess.*

No there is nothing here to declare!

KONGEN AF DK: Så behøves jeg ikke at undervise! Og når jeg går i gang. Men jeg er ikke i gang! Jeg er ikke i det der *"Modus!"*

DR.LIVING'STONE: Jeg fandt seks stilling, og ingen af dem havde jeg lyst til at søge!!

HVAD VILLE DU HELST LAVE LIGE NU?

EXT. Saharas Ørken Dag

DR.LIVING'STONE:

Ja. Det var et eksempel på den frie leg! Nu tilbage til arbejdet!

Tyskland fik en ny landstræner efter 3,5 års ansættelse. Den nye fik til 2020 at bevise sit værd! Jeg husker Morten Olsen sad på den post i 19 år!! Manchesters Uniteds træner Alex Fergunson har nok stadig prisen for længste ansættelse i den verden!

Men det smitter!! Alle får kortere perioder at skulle præstere i!

Din næste croquis tegning har du kun 30 sekunder til!

Og hvis den ikke sidder lige i skabet??? Så er du fyret!

Hop på én tunge sagde jeg!

Ord fører til handlinger.. og i dette tilfælde ville jeg ønske det anderledes. Men jeg har ikke magten til at ændre dem. Så ord hjælper ikke!

Hvad gør du så?? Har du selv nogle gode forslag i den frie leg?

På arbejdet? Når du har fri? Fri i den fri leg? Har du nogle eksempler selv??

Åh alle de "fri"dage! Så skal der støvsuges! Støves af! Vaskes gulv! Lægge tøj sammen! På plads! Ordne sengen! Kaffe! Pause! Sid ned! Søg job! *Time spent? Any way wastet! No job Bob!*

Borger løn nu!! *Du skal søge job! Det er dit job!* Jamen lige nu er jeg jo egentlig i virksomhedspraktik i København – Kan du ikke se det?? *Men du skal stadig søge job to jobs om ugen, ved siden af det du laver med at skrive mine ord ned! Kan du ikke se det??*

Jo, jeg skriver... BORGERLØN! Er det i ét eller to ord?

Ingen svar! Så moderne er vi ikke! Smid hvad du har i hænderne lige nu... denne bog højst sandsynlig!

Så kommer du heller ikke videre med det her projekt!

Hvad ville du allerhelst lave lige nu ?

Hvis du altså ikke var i gang med at læse om det i den her bog, eller var noget, som du var blevet sat til, eller selv fandt på??

Hvis du har en baby, så må du gerne sidde med den på armen, men hvor skulle I så sidde henne? Er der palmer? Er det varmt? Støvet? Koldt? Har du skibukser på?? *What turns you on??*

Sejler du? Spurgte arbejdsgiveren, som stod i de renoverede container og solgte speciel udstyr til sejlere! *Nej, jeg ved ikke en skid om det!* Svarede jeg kontant som den jobsøgende!

Godt! Så ved jeg i det mindste, at du ikke skal ud at sejle, hver gang vinden blæser! Så går jeg ud fra, at du kan møde stabilt på arbejde?

Fanget! I en container med sejler udstyr! Nej tak! Det er ikke mig! Med den her udelukkelses metode er ret anstrengende, hvis det er nogle anbefalinger fra anden aktører, og som man skal søge!

Har du den her fog, hvor snoren sidder på i begge ender af krogen??

Spørg ham derovre? Hvem? *Klør fem! Derovre!*

Jeg vil allerhelst sidde i et møde, som bare trækker ud og gentager sig selv, fordi nu kom der lige en lidt forsinket, og må havde det gentaget! Hørt! Lad os gentage alt det som blev sagt!

Hvad vil du lave ?? Og vil du gerne lave det hver dag så?

Vil du også skrive?? *Jeg vil det samme som dig!* Jamen, jeg er ved at lave en film! Og du står og skygger for min lydmand! Kan du ikke i det mindste stå herovre, hvor lyset lyder bedre?? Eller skyggen står skarpere? Et andet sted?? *Ja – hvor??* *Derover*! Langt væk fra mig! Omvendt mig! Modsat dig! Fortsæt linjen neden under.

Jeg vil...

.................................Du må satan edme ikke skrive i den her bog!! Skriv det på et andet stykke papir, eller på din computer! Sæt det lidt pænt op! Men start med: *Jeg vil.....*

Have et dyt i bamsen! Nej, det er svært at finde at finde et fokus på andet end møder, som bare trækker ud! Afbrydelser. Videre i programmet! *Nu kommer ungerne! Eller shit – Det var mig, som skulle hente dem fra SFO'en!!*

Og handle ind på vejen, og købe en lille gave til barnets veninde – Og så var det uge 7 - Vinterferie! *Vinterferie?? Har du vinterferie??*

Det kan jeg da ikke se nogen steder??! Der står, at du er i virksomhedspraktik!! Ja, det er jeg også! Men chefen holder vinterferie! Ja, det er fandens ærgerligt! Lige nu hvor jeg så meget havde lyst til at sidde her at skrive på det her i stedet for at lege med min unge, som ikke har været hjemme i en uge, og hellere vil glo TV end at være sammen med sin far! Jo, jeg er på "arbejde"! Det er jo en proces det hele! Både at udføre de ti bud og skrive i praksis!

Min bror fortæller tit, at hvis han blev tilbudt det job, at sidde hver dag og tælle pengesedler sammen fra morgen til aften – 37 timer om ugen, og oven i købet efter fyraften måtte samle dem i en pose og tage dem med hjem, men på den betingelse at man skulle gøre det i fyrre år.....?? Så ville det blive et nej tak herfra! Jeg vil give ham ret! Det vil være for ensidigt i længden!

Èn million, to hundrede treoghalvfjerds tusinde, ni hundrede firehalvfjers kroner, og 45 øre! Èn million, to hundrede treoghalvfjerds tusinde, ni hundrede, firehalvfjers kroner, og 98 øre!

Hellere prøve 4 jobs af ti års varighed, end fyrre år samme sted!!
Erstat jobs med forhold! Jeg gentager, dine tanker er det mest vanedannende, som findes! *Can't stop thinking! It is like, can't stop drinking! Can't stop eating!*

Jeg er stresset? Jeg er glad? Det modsatte af stresset? Det omvendte af Madagaskar! *Grønland på hovedet?* Jeg har sat en masse ord sammen som forvirring?? Det er ikke et røgslør?? NEJ, DET ER BLOT ORD! Resten er din tanker!

Jeg kan ikke stoppe med at læse! *Disse ord, som jeg skriver her på sofaen, palmerne!! Åh Hawaii! Du synes langt væk! Jeg kommer snart! Ved det næste vulkan udbrud!*

Hvad er det vigtigste, som vi skal nå igennem?

Så lad os starte med det! Hvad vil du være, når du bliver stor? *Jeg vil være solformørkelse!* Vinterby Øster kalender sangen gør mig altid glad. Og så passer sangen både i min kontekst og her:

Min far, han er bager, og han bager kager. Og boller til byen. Og jeg er hans bud. Når jeg bringer det ud, er jeg rask som et lyn. Jeg skal selv være bager. Og det er jo trist, når jeg hellere vil være.....???

ARBEJDSGLÆDE FOR ARBEJDSLØSE

DR.LIVING'STONE:
Hvordan at min karriere har fået nogle overraskelser, hvor at jeg måtte tage det sure med søde!

MR.FLINT'STONE: Ja! Nå, jeg tænker, at inden at praktikken udløber, så skal vi lige have banket et eller andet på plads?!
Og ellers har jeg det lidt skidt med det.

DR. LIVING'STONE: Uanset er jeg ret sikker på, at vi får en hæderlig bog.

MR.FLINT'STONE: Ja, men hvad siger du til, at vi tager en dag i et lydstudie?

DR. LIVING'STONE: Jo, det synes jeg lyder fint.

MR.FLINT'STONE: Hvis vi nu har et tema som hedder "Arbejdsglæde for Arbejdsløse" Det er sådan lidt sjovt – sådan et AA – og så ligesom kigger på de ti punkter i artiklen, og du bare leger journalist. Spørger ind! Lige låner en *coaching* bog og bruger nogle *coaching* greb til at spørge ind. Og så får vi lavet ti fede *podcast* af 20 minutter, eller *what ever*! Otte minutter eller fem! Eller *what ever*! Bare så vi ligesom har et produkt, så vi kan sige, at du har sgu været i praktik ikke!

DR. LIVING'STONE: Jo, det synes jeg lyder godt!

MR.FLINT'STONE: Det ville også gøre mig glad, at vi ligesom producerede et eller andet! Så er det jo hyggeligt at komme til storbyen, og så skal jeg nok give frokost!

DR. LIVING'STONE: Lyder sgu godt!

MR.FLINT'STONE: Så skal vi finde en dag, hvor vi lejer det der studio, og så lejer vi det i en tre, fire timer! Så må vi se, hvad vi kan udrette?

DR. LIVING'STONE: Du hørte optagelserne, som jeg sendte til dig? Dem kunne du ikke bruge?

MR.FLINT'STONE: De var ikke helt lige i top! Det var de altså ikke! Og jeg tænkte også nu, hvis du lige går i journalistens rolle, eller spørgerens rolle eller coachens rolle, eller hvad fanden vi skal kalde det?? Men de dér ti øvelser, og så lige laver en tester en dag!

Altså bare lige så vi har et flow i en samtale, så det lyder professionelt! Så er det som om, at vi er lidt forberedte, så booker vi en dag! Jeg ved ikke engang hvornår, at den praktik udløber??

DR. LIVING'STONE: Nej, det ved jeg næsten heller ikke??

Hvad har vi i dag??

MR.FLINT'STONE: Men det kunne jo være...?? Prøv at se her.

Ja, nu sidder jeg ude i haven, men det kunne jo være en fredag eller et eller andet? Har du en kalender foran dig?

DR. LIVING'STONE: Ja, jeg sidder og kigger heftigt i den lige nu!

Så kommer vi frem til den 28.

MR.FLINT'STONE: Lige der, har jeg faktisk en booking! Det kunne også være en onsdag?

DR.LIVING'STONE: Ja, så kunne det være allerede på onsdag, eller den 4. marts! Uanset om min praktik udløber eller ej, så skal jeg nok komme over!

MR.FLINT'STONE: Den 4. marts har jeg faktisk en booking med HK i Roskilde! Skal vi se om vi kan speede det lidt op og måske booke onsdag –? Nu skal jeg jo lige se, om jeg kan booke lokalet jo! Den onsdag som hedder den 26.? Hvordan er den?

DR. LIVING'STONE: Altså der har jeg bare min datter jo! Der har jeg hende hele ugen fra mandag til fredag.

MR.FLINT'STONE: Og det vil sige at nu på onsdag?

DR. LIVING'STONE: Der har jeg hende ikke!

MR.FLINT'STONE: Lad mig prøve at tjekke, om jeg kan booke det! Skal jeg prøve at tjekke, om jeg kan gøre det i dag? Altså på onsdag? Ja, ja hvorfor ikke?? Er du så ikke sød at gå på en hardcore spørgeteknik, som får mig til at åbne op?

Bare så vi sidder i studiet, så kan vi sgu levere noget, som lyder godt!

DR. LIVING'STONE: Jo, jeg går ud fra, at du selv synes, at din stemme lyder god at lytte til? Så det er et spørgsmål om, at du også tager teten!

MR.FLINT'STONE: Prøv at hør her. I princippet så skal du jo bare stille alle de rigtige spørgsmål! Så kører jeg et flow.

DR. LIVING'STONE: Ja, netop!

MR.FLINT'STONE: Og det er ligesom den seance, som jeg gerne vil sætte op!

DR. LIVING'STONE: Jo klart, men det er også for at undgå, at jeg får smidt dig i for dybt vand, hvor at vi rammer nogle emner som ligger lidt længere ude end i fokus!

MR.FLINT'STONE: Men det er også derfor, at du måske skal skrive nogle spørgsmål ned?

DR.LIVING'STONE: Jamen, jeg har næsten ikke lavet andet!

MR.FLINT'STONE: Så jeg ligesom kan være forberedt!

DR.LIVING'STONE: Jeg kan forsøge at sende nogle, så du har lidt at tygge på måske?

MR.FLINT'STONE: Altså Hvis du tager de ti emner! *Casen* kunne jo være, at du er den undersøgende journalist, eller den undersøgende arbejdsløse, hvis jeg må kalde dig det? Som vil undersøge om arbejdsglæde også gælder for arbejdsløse? Sådan at der er en kant! Altså noget som klinger lidt skævt i ørene! Sådan at man ligesom bliver nysgerrig! Så hvis du ligesom tager de ti afsnit og bare ...?? Vi er i princippet ude i fire, fem spørgsmål til hver! Og de kan måske, mange af dem, være de samme??

Men derved at man får åbnet op for en samtale! Det vil jeg sgu være glad for, at vi får produceret et eller andet! Og jeg tror, at det kan blive et rigtig godt produkt faktisk, for det er sådan meget bredt! Fordi det gælder jo også om arbejdsglæde for alle mulige andre end arbejdsløse, men så har vi ligesom hele paletten med!

DR.LIVING'STONE: Men så skal du heller ikke stille mig for mange spørgsmål!

MR.FLINT'STONE: Jeg stiller jo ikke spørgsmål på den måde! I det her *setup*, er det jo ligesom mig, som er eksperten! Og du skal bare have mig ud med min viden!

DR.LIVING'STONE: Klart, men det er i forhold til, hvis din korrespondance går på hvorledes, at de ti øvelser har virket på mig! For så skal jeg også have tid til at "mærke" efter hvorledes, at det virker eller ikke virker. Om det virker lidt overfladisk, eller hvad ved jeg?

MR.FLINT'STONE: Måske du så bare ikke skal gå ind i dem, at du har prøvet dem af. Måske er du mere nysgerrig på hvordan? Altså ligesom at høre fra det fra mig! Hvad siger du til den?

DR.LIVING'STONE: Ja, klart! Jeg er frisk på den!

MR.FLINT'STONE: Prøv at hør, det bliver skide hyggeligt! Det ligger ude ved Islands brygge, ude ved Københavns havn. Der er Lagkagehuset ved siden af, så kan vi få noget god kaffe og en kop kage og en kage og det er et skide hyggeligt sted. Det der. Så du får en skide god dag i København!

DR.LIVING'STONE: Godt, så vil jeg finde ud af, om jeg skal købe en busbillet, eller se om jeg skal tage bilen! Og hvorledes med parkeringsmuligheder derovre??

MR.FLINT'STONE: Ja, hvis du tager en bus eller noget, så kan jeg bare hente dig, når du står af! Hvor du lander. Det er sikkert ved Ingerslevvej. De stopper som regel der lige ved hovedbanen!

Men lad mig gå online og se, om jeg kan booke lokalet inden, at du booker en billet! Hvad snakker vi om? Altså nu ved jeg ikke hvad tid, som du vil tage af sted? Det kunne sagtens være sådan noget tolv til fire, at vi booker det! Så har du ligesom god tid til at komme herover! Så skal du ikke op om natten!

Jeg prøver lige, og så vender jeg tilbage til dig!

DR.LIVING'STONE: Det er fornemt mr. Flint'stone!

MR.FLINT'STONE: Det bliver skide sjovt!

DR.LIVING'STONE: Smukt!

MR.FLINT'STONE: Jamen, vi tales ved mandag, og så laver vi en lille tester på telefonen!

DR.LIVING'STONE: Jeg synes også, at din forbindelse er bedre i dag, og jeg har godt nok ikke engang dig på højttaler.

Der var noget skrammel på sidst gang, at du ringede, så det er lidt ejendommeligt at der skulle være den forskel!

MR.FLINT'STONE: Jamen, så får vi sgu oplevelsen af at være i et studie, og se hinanden. Det giver jo også noget energi!

DR.LIVING'STONE: Jo, men vi samler energien op hele tiden! Så det er fint! Smukt

MR.FLINT'STONE: Jamen hav en god dag ikke?

Og masser af kærlighed ikke?

DR.LIVING'STONE: Ja, god Valentine derovre!

Ja tak. Vi ses du!

TANDBØRSTEN. DET AT VÆRE VEDHOLDENDE

EXT. Saharas Ørken Dag

DR.LIVING'STONE:

Spørgsmål..

Arbejdsglæde øvelser – et personligt valg 1 ud af ti øvelser

1 – Bevidst valg – Jeg vil være glad! Sig JA til en god dag

HVAD VIL DU GERNE FORTÆLLE OM SELV? HVAD ER DIT VALG?

Hvad gør dig allermest glad? Og er det karriere eller fritid?

Hvad ville der ske, hvis det lykkes at gøre alle glade også i arbejde?

Man bliver lykkens pamfilius ikke blot ved at skifte arbejde, men at skifte indstilling og ændre væremåder – at ville vælge glæden. Værktøjer og redskaber til forandring. Er der noget, som du mangler for at vores samtale bliver rigtig god?

Nu kontaktede jeg netop dig, fordi jeg står i den prekær situation, at det er blevet mig pålagt at finde folk med CVR numre, som jeg kan være i praktik hos. Og jeg vælger ofte ud fra, hvor det stadig giver mening at forsøge sig med arbejdsmarkedet, og hvor man ikke blot enten føler sig voldsomt udnyttet, eller oplever et decideret tidsspilde. Men i stedet får udnyttet det potentiale, som kunne komme ud af den situation, at her er et menneske, som vil hoppe over, hvor gærdet er lavest! Dovne mennesker gør det rigtigt første gang. Hvordan bevarer man smilet og glæden, hvis man ikke føler sig glad på arbejdet, eller at jobmulighederne synes udtømte? Hvad gør man for at genfinde en arbejdsglæde, også i en kortere praktik periode eller projektansættelse?

Hvordan bevarer man håbet om, at man med brug af disse teknikker kan sikre en forandring, så denne "praktikaftale" måske også kommer til at skille sig ud i mængden af virksomheds praktikker i en endeløse karrusel i dagens Danmark? Og giver en motivation til at blive selvforsørgende måske? Hvordan bider man sig fast, og hvis man i forvejen ikke har de bedste minder om glæde på et arbejdsmarked? Nu er du jo en "ja" mand. Du sidder med denne bog! – Men hvorfor sagde du ja til det her eksperiment? Og hvilken glæde vil det bringe dig?

<u>2 – Armene over hovedet som en vinder – Hver dag!</u>

Vil det ikke komme til at se fjollet ud, hvis alle begynder at gå med armene over hovedet – også de arbejdsløse?? Jeg er godt klar over at et foroverbøjet hoved, ikke er sagen - men alligevel??

Hvordan skulle det at stå med armene over hovedet i mere end 30 sekunder snyde kroppen? Er det en øvelse beslægtet med de fem tibetaner? Som at det skulle være godt at stå på hovedet, og få vendt hjertet til at være øverst af de to; og organer falder på plads

Hvorledes lærer en taber at føle sig som en vinder ?

Alt det som du synes om, kunne jeg lide for fem år siden!

<u>3 Tillid til at det går godt! – Så går det godt!</u>

Hvordan bevarer man tillid til at bevare sin glæde i det daglige, og hvis man måske er udenfor et reelt arbejdsmarked?? Vi smitter hinanden med glæde og med sorg. Det forstærkes eller formindskes når vi deler det bevidst og spontant. Kan "Tillid" skabe et job?? Eller forbedre sine jobmuligheder, eller forbedre det job som man besidder?

Hvad skal man give sig til for at styrke sin tillid, hvis man er udenfor arbejdsmarkedet, og skal det være arbejdsrelateret? Eller må man lave noget, som giver mening for en selv?? Kan man have tillid til ens manglende netværk? Tillid til at det lige pludselig skulle begynde at gå bedre? Er det blind tillid, at det bedste har man i vente – Og er det troværdigt? *Tør du lægge din pung på strøget i fem minutter??* Vinder man noget ved at være åben og tillidsfulde over for andre?

Jeg lærte at man skal lyve i service branchen. Folk vil bedrages.

Jeg havde udleveret en fremkaldelse på nogle billeder til en forkert kunde, men fandt selv ud af miseren. Jeg nåede dog ikke at få fremskaffet materialet, før at den rigtige ejer af fremkaldelsen overleverede talonen til den forsvundne vare. Jeg var ærlig og sagde højt: *Nå ja, det er den fremkaldelse. Den har "vi" kommet til at udlevere til anden kunde ved en fejl, men jeg har vedkommendes adresse, og kører selv ud personligt, og henter den senere i dag – Og så kan jeg udlevere den til dig!* Jeg synes, at jeg var venlig, og fremstod professionel, og ikke mindst ærlig! Mit smil stivnede.

Har du udleveret mine fotos til en anden??! Jeg skulle blot have sagt: *Dine billeder er blevet forsinket fra laboratoriet. De skulle meget gerne være her i morgen formiddag! Jeg beklager!*

Det er de uskrevne regler, som vi ikke er blevet fortalt om! Lyv og statuer et godt eksempel. Billederne indeholdte "selvfølgelig" nøgen fotos af konen!! Jeg spillede også engang lidt fodbold med de børn, som jeg var sat til at passe på legepladsen på en institution. En dreng skød bolden over den brede hæk og ind i den tilstødende park. Men spillet og legen var gået i stå. Så hvad gør man som voksen? Man henter bolden. Jeg sprang over, hvor gærdet var lavest, så at sige, hoppede over hegnet, og sprang ind og hentede bolden. Det kunne jeg jo sagtens. Det tog 5 sekunder, og så var legen i gang igen. Men som pædagogen meget rigtig observerede, så havde jeg som medhjælper lige vist alle børnene hvor, og hvordan at man kommer over den forhindring, som er sat op for at børn ikke skal komme for tæt på trafikken. I stedet for at have forladt opsynet med de 3-6årige via udgangen, omme på den anden side af institutionen, og gå de 500 meter rundet om hegnet, frem og tilbage til indgangen og om på bagsiden, hvor legepladsen lå. Jo, jeg forstod problematikken, og jeg var taknemmelig for at ingen af børnene var store nok til også, at kunne springe over, hvor det var lavest. Kan man have tillid til, at du drager din egne erfaringer med de her øvelser – uden uskrevne regler?

Tilliden til at sige sandheden og at høre sandheden? At være ærlig overfor sig selv? Og er det i sandhed bedst at "børn" er uden opsyn i længere tid, frem for at gøre noget som voksen, som de ikke må? Kan tillid oplæres?

Vi bruger meget energi på, hvad andre tænker om os. Hvorfor bruge tid på det? *Så hvad synes du om mig??* Nej, hvis man skal skabe tillid, må man tro på projektet. Tror du på dig selv, og tror du på projektet? Tænker du godt om andre? Tænker du godt om mig – mr. *Mindfulness*? ?

Frygter du selv forandringer, eller elsker du forandringer?

4 – Taknemmelighed i 30 sekunder! Tak – Tak tak til dig!

Det er jo ikke en ny viden, at man med taknemmeligheden i det daglige kan sætte sit fokus? Er det blot at sige tak??

Rummer ordet virkelig den energi i sig selv som et smukt iskrystal? *Tak, for at der endnu ikke findes et ønskejob til mig??*

Tak for min manglende motivation til at sidde for mig selv med en computer, og arbejde i de bedste timer på døgnet?? Eller tak for tiden brugt med at søge efter ledige stillinger fra 8-16 – dag ud og dag ind?? Tak for at du hørte, læste min bøn om alle de timer spildt med det! Fik jeg flyttet noget fokus fra min taknemmelighed? Nej! Det er for at sætte fokus på at blive glad! Det forlænger livet så at sige. Faktisk med op til ni år yderligere. Det er sundt at være glad! Kan man blive for glad??

5 – Smil til verdenen, og den smiler igen!

Jeg smiler kun til pigerne! Så må vi håbe, at min næste chef er en kvinde! *Ja, chef, jeg er fra smilets by! Det er derfor at mit smil, minder om jokerens!* Det er dit ansigt. Få det til at smile. Hvorfor er du glad? Undersøger du selv hvorfor, at du er glad? Kan du smile dig til det næste job?? Og hvordan smiler man så i en ansøgning??

6 – Overdriv dine begejstringen! Jaaaaa!

Nu har jeg ikke lavet noget ordinært i mere end ti år. Findes der større glæde? Nu bruger du regnvejrs øvelsen, hvor man med armene ud til siderne lader regnen ramme huden med sine dråber, som var det første gang, at man oplevede regn, med åbne arme. Men der er måske lidt københavnsk at overdrive sin begejstring!??

Ja, det er dæleme den bedste kaffe, som jeg har smagt nogensinde - for helvede!! Men kan man lade sig begejstre uden gulerødder?

Du vandt, men der er godt nok ingen præmier! Æren er god nok! Får du æren? Vil begejstringen ingen ende tage? Grin, græd og vis din vrede. Det forløser fysiologien, og bringer psyken i balance. Det vidste grækerne med deres komedier, tragedier og drama. Men hvor lufter man disse ventiler i det åbne rum, og gør man det bedst sammen med andre?

7. – Mere bevægelse i dagligdagen!

Let røven og gå en tur! Hen til vinduet, og tilbage til sofaen, og tag fjernbetjeningen med på vejen! Det er svært at stille nogle spørgsmål til emnerne om bevægelighed. Deprimerede mennesker har det med at sidde stille længe. Men det gør man jo tilsvarende i meditation. Kan man flytte sig fra depression til glæde ved at sidde stille, som man så allerede gør, hvis man er deprimeret??

Nu nævnte du selv de fem tibetanere, kan man begrænse sine øvelser til fem? Og skulle det at stå på hovedet have så vitale fordele? Jeg benytter mig lidt af kattens bevægelser og laver stræk øvelser, bøj og spænd musklerne øvelser – biceps og triceps med armene på skift. Ellers er mit hoved fokus på åndedrættet.

8 – Fri leg med hinanden! Håndboldspillere spiller fodbold?!

En pause fra alvoren. Ingen tvivl om at leg imellem mennesker åbner døre. Virksomheder kan sætte tid og kvadratmeter af til leg. Legerum! Jeg kalder det *"Fuckrooms" If your feeling fucked!*

Hvilke lege kan man lave som eventuel jobsøgende, hvis man ikke er i en virksomhed, eller er nogle stykker samlet til at spille rundbold med andre med i "pausen"?? Arbejdsløse er nok ikke organiseret, og ikke homogene som gruppe. Og de ønsker nok helst ikke at blive associeret med andre fra denne som gruppe også! Andre på overførselsindkomster! *Hvad kan de dog bidrage med, tænker de fleste jo?*? Hvem kan supplere dit frikvarter? Og hvad er dit supplement? Hvem kan man lege med under fri leg, udover foreninger?

9 – Anerkendelse blandt andre er win win–Du var go, jeg var Hugo!

Alle vokser af anerkendelse – både den som modtager og giver.

Jeg anerkender, at jeg ofte ikke har lyst til at lægge meget energi i at skrive andet end standard ansøgninger. Copy paste.

Jeg anerkender, at hverken A-kasser, jobcentre, eller anden aktører kan gøre noget som helst for min jobløse situation, som ikke ser ud til at bedres ved hidtidige koncepter. Jeg anerkender, at jeg ikke kan se mig selv i ret mange jobbeskrivelser.

Andet end alt det som jeg holder mig beskæftiget med til dagligt. Og lige nu er planen at forfatte dette memorandum til andre i samme situation! Min tidligere svigerfar sagde altid:

Du er den næstbedste af os to!

Jeg anerkender dit håndværk, hvor du er ude at konfronteres med tusinde af mennesker i det daglige, og gerne vil tage scenen – Det kan jeg slet ikke! Selvom at lysten er stor, er behovet mindre! Jeg har ikke behov for at deltage i en offentlig *podcast*, men jeg anerkender dit nye medie, og giver det en chance!

Hvem kan jeg anerkende i det daglige?

Og hvem kan jeg få til at anerkende mig?

10 – Mærke efter balancen i alting – familie, venner, job, base.

At koble fra. At mærke efter det, som gør en glad! Kan frihed under ansvar skabe balance i dit liv, med skabeloner og redskaber?

At træffe beslutninger efter om det føles godt – Hver gang. Et barn mestre det at leve i nuet, befriet for tanker. Det er det, som vi skal kopiere. De er jo vores små læremestre - for det meste ;-)

Det vigtigste for at skabe en forandring er at handle, at gøre lidt hver dag. Og bringe det med på din vej, dit arbejde og din fritid. Altid. Ti bud på både udadvendte og indadvendte øvelser og nye vaner. Udskifte utilfredshed, lukkethed, kontrol, alvor, perfektionisme, frygt og fordomme. En nationalsport at skabe fællesskab med andre ved at have fokus på hvad der er galt.

At lære at leve med sin bedste intention og være den bedste version af sig. Start med hvad du er taknemmelig for.

Hvad er dine magiske kræfter? ***Hvad er du god til?***

Hvad skal der siges om dig til din begravelse?

Hvilket formål har du i livet ? Mening med livet?

Hvis du skulle beskrive dig selv, uden at bruge begreber som funktioner, Advokat, *mindfulness* coach, foredragsholder etc. Og ikke familiær begreber, men mere: *Hvad laver du her?*

Og måske svarer: Jeg er... videbegærlig!

Hvad bidrager du med? Er du til nogens nytte? Hvad glæde får vi ud af at have dig gående? Skal du bare skabe glæde til dine dages ende?

Hvad ville du allerhelst lave lige nu ?

Og vil du gerne lave det hverdag så fra nu af og til evighed??

Jeg vil være urmager! Og kukkelure på kakkelduer hele dagen??

Jeg vil holde foredrag hver dag??

Nej, jeg ønsker blot at udgive denne bog, og du må bruge podcasten til at skabe glæde blandt andre!

Er det en aftale mr. Flint'stone?

KAN ALLE SÅ FINDE STØRRE GLÆDE?

EXT. Stillehavet i en kano - DAG

MR.FLINT'STONE:
Hej! Hvordan går det?

DR.LIVING'STONE: Ja tak. Udmærket! Nu er jeg "ombord"! Jeg har lige haft min datter til tandlæge eftersyn. Skoletandlæge. Så der var lige en afbrydelse midt i det hele, selvom, at jeg ikke har hende denne uge jo!

MR.FLINT'STONE: Okay. Har du tid til at tale?

DR.LIVING'STONE: Ja, klart!

MR.FLINT'STONE: Nå, nu skal du høre. Jeg har tænkt lidt over det, og jeg vil godt have, at det selvfølgelig skal være så bredt som muligt! Så jeg tænker at titlen, den hedder: *"Arbejdsglæde for Alle – også Arbejdsløse!"*. For så er det ligesom meget bredt ikke?

"Arbejdsglæde for Alle – også Arbejdsløse!". Og dit fokus skal være, at vi starter med dem på arbejdet! Og så kan vi runde den af med at sige: *Jamen, hvordan gør man, hvis man er arbejdsløs?* Og det er meget vigtigt, at det her kommer til at *"shine"*. Der vil være tyve procent af de arbejdsløse, der aldrig vil forstå det! Og de vil ikke forstå det! For de vil gerne være nede i deres hul, og i deres offerrolle. Og dem gider jeg ikke at tale til!! Det gider jeg ikke! Jeg har prøvet det før, og det duer ikke! Jeg vil tale til dem, som vil have: *"Det gode budskab"!* Jeg gider ikke at tale nogen, der bare vil tales ned, eller kun tror på, at man kan være nede, og ikke kan komme op! Så dem skal vi glemme! Og de skal heller ikke forsvares på nogen måde, eller argumenteres for. Det som jeg kommer til at sige her, det vil være for inspirerende! Men du ved også godt, at der er nogen, som ikke vil inspireres! Og det er ikke dem, der tales om her!

DR.LIVING'STONE: Nej, men det kunne jo være, at man kunne stikke til dem? *Et glas halvfyldt med lort!* Det kunne jo være, at jeg også var i den kategori? Jeg har jo både pessimisten og optimisten i mig! Det har alle vel. Men det er måske et spørgsmål om, hvor langt nede i dynget, man kommer som menneske??

MR.FLINT'STONE: Altså. Prøv at hør her!

For fem år siden, der lavede jeg sådanne nogle seks ugers kurser for ledige. Og jeg har bare oplevet, at der er nogen, de vil bare ikke hives op!! De har det godt i deres hul! Selvom at de ikke har det godt, så bliver det, det som de forsvarer! Og det er ikke dem, som jeg vil tale til her! Jeg vil tale til dem, som kan se, at der står en dør på klem. Og der er muligheder! Så jeg vil ikke have, at du skal gå ind i en eller anden rolle, hvor du skal prøve at forsvare dem, som bare ser lort med lort på hele tiden! De er ikke med her! Det er ikke til dem! De kan sidde at tude et andet sted! Men ikke hos mig!

DR.LIVING'STONE: Ja! Smukt!

MR.FLINT'STONE: Så det her skal kun være opløftende. Og til dem som gerne vil løftes!

DR.LIVING'STONE: Det synes jeg, er et fint fokus at have!

MR.FLINT'STONE: Ja, fordi som udgangspunkt så er det for alle! Også arbejdsløse! Og jeg kan sagtens fortælle, hvordan man kan bruge det!

DR.LIVING'STONE: Ja, ja, men jeg sidder stadig med armene over hovedet!

MR.FLINT'STONE: Det var godt!

DR.LIVING'STONE: Ja, jeg prøver vitterligt at tage de 30 sekunder seriøst. Fordi det er dæleme også længe at stå med armene over hovedet!!

MR.FLINT'STONE: Ja, ja! Jeg tror, at du skal prøve i tre minutter!

DR.LIVING'STONE: Tre minutter?? Og i et offentligt rum?

MR.FLINT'STONE: Ja, ja! Prøv at forestille dig det på jobcenteret!

DR.LIVING'STONE: Ja! Men det er en udfordring! Det vil jeg sige. Det er jo ikke nogen svær øvelse i sig selv, men den er meget *"i scenesættende"*. Man tager jo et fokus, når man står vitterligt med armene i vejret!

Folk kigger jo på en, og spørger om man vil sige noget??

MR.FLINT'STONE: Ja, og prøv hør Living'! Jeg har det jo fint med, at du tester det af! Og jeg har det også fint med, hvis der er et spørgsmål, som er sådan lidt: ***Hvordan gør man?***

Det skal ikke være sådan, at du taler pessimistens tale! Det vil jeg ikke ind i!

DR.LIVING'STONE: Nej, nej. Det er fint, at du siger det! Det kunne jo netop være et tema, hvis det var? Men det er fint, at du tager det op!

MR.FLINT'STONE: Og prøv at hør her. Jeg kunne sagtens være åben for at på et andet tidspunkt, at tage den der, hvor jeg rigtig går til biddet! Altså imod pessimisten! Det er bare ikke i den her! Det er slet ikke for, at jeg er lukket for det! Men så skal jeg virkelig gå til kamp, og så bliver det lidt *"u kønt"*! Ikke? Den her, det skal bare *"shine"*!

DR.LIVING'STONE: Det er klart. Det er jo humoristen, som man skal tale til. Det er vel for fanden for at komme frem til en større glæde i livet? Selv for trænede bevidstheder, som tog sig en pause?

MR.FLINT'STONE: Ja! Så. Det er bare, så vi lige er på den samme side!

DR.LIVING'STONE: Ja, selvfølgelig!

MR.FLINT'STONE: Men det tror jeg nu at vi er! Men jeg kan sagtens læse det lidt imellem linjerne hos dig? Og det vil ikke være uinteressant, at tage kampen. Men det er bare ikke, hvad jeg vil med den her!

DR.LIVING'STONE: Nej, nej! Jeg er jo også blot ærlig i mit oplæg! Så det er jo fint nok, at du også selv skærer fra.

MR.FLINT'STONE: Ja, så hvad hedder det? Så du ved, at jeg tænker, at vi skal jo selvfølgelig lige have lavet en intro! Til hvert enkelt! Og måske kan det være, at vi kommer ud i, at vi har to afsnit per gang? Så bliver det til fem *podcasts* i alt ikke?

DR.LIVING'STONE: Nu skrev jeg også til dig, at jeg har ikke ret mange spørgsmål under bevægelser.

Men man kunne godt komme ind på hvilke øvelser, der ville være tilfredsstillende eller ekstra virksomme i forhold til glæde? For der er jo ingen, som sætter spørgsmålstegn ved, om bevægelse er nødvendigt??

MR.FLINT'STONE: Næh! Men æh! Nu er jeg lige ved at parkere her!

DR.LIVING'STONE: *Multi-taskeren*??

MR.FLINT'STONE: Men jeg tror, at samtalen bare kommer til at køre. *Og hvordan og hvorfor? Og hvad er din oplevelse med det? Og på en virksomhed, eller hos dig selv? Eller kan man også bruge det private? Og hvad så som job søger?* Altså...

DR.LIVING'STONE: Du falder lidt ud? Er du der?

MR.FLINT'STONE: Nu røg jeg lige i en parkeringskælder!

DR.LIVING'STONE: Ja, så er det derfor!

MR.FLINT'STONE: Hvad hedder det?? Altså! Jeg tror, at det kommer til at køre! Jeg kan også lige prøve at formulere en intro i dag, til selve *podcasten*. Og så tale om hvorledes, at det kommer til at lyde? Ja! Men altså som sagt så, skal den her bare *"shine"*!

DR.LIVING'STONE: Nu falder du ud igen!

MR.FLINT'STONE: Ja, ja

DR.LIVING'STONE: Nå, du er der!

MR.FLINT'STONE: Vi tales lige ved!

DR.LIVING'STONE: Ja, det er klart, at det kræver et fokus.

MR.FLINT'STONE: Men jeg prøver lige at skrive noget til dig! Altså jeg tror, at vi har den!

DR.LIVING'STONE: *Øvelse gør mester!*
Jeg er godt klar over, at spørgeren kan have en styrende rolle i en samtale, men det er du jo lige så god til med dine svar. Så det skal jo nok gå. Der er forhåbentlige ingen, som kommer på dybt vand?? Ha, ha. Nej! Vi skal i hvert tilfælde have en bedre forbindelse?!

Du lyder som en robot nu!!

MR.FLINT'STONE: Nå, nu kom jeg lige op af kælderen igen her.

DR.LIVING'STONE: Det var straks bedre da!

MR.FLINT'STONE: Altså - Jeg tror, at hvis du bare holder det der fokus, som vi snakkede om med, at det skal være noget, der løfter!

Det skal ikke være sådan, at du skal prøve at sætte hul i mine teorier og idéer. Det må godt være nysgerrige spørgsmål. Men du skal ikke være en, som prøver at punktere noget! For det kan vi alle sammen finde ud af, hvis vi skulle det! Det kan man jo gøre med alt – i princippet! Men det er ikke målet her! Måler er, at der skal være noget opløftende energi i det!

DR.LIVING'STONE: Altså nu havde du et forslag til ændringen af titlen – *"Arbejdsglæde for Alle – også for Arbejdsløse"*! Og jeg har så en, som en tilføjelse, som jeg var noget, som jeg så til en koncert i går, noget som stod på væggen i lokalet – *"FEEL FREE TO FUCK"*! Den energi som siger, at her må vi gøre, hvad som vi har lyst til! Handskerne er af! Det kunne også blot udtrykkes: *"Feel Free To Love"*. Det står dig frit for at elske andre og elske dig selv. Det startede med en aminosyre, som delte sig af sine omgivelser. Det har de stærkeste gjort sidenhen i KÆRLIGHEDENS TEGN! Ja, men nysgerrig er det, som vi går efter! Hvordan gøre man folk nysgerrige, og hvordan kan sprede et godt budskab?

MR.FLINT'STONE: Ja. Og jeg er slet ikke bleg for at tage den anden under nogle omstændigheder, men det er bare ikke det, som skal ud af røret her! Jeg kan sagtens gå i kødet på en pessimist! Men det er ikke den kamp, som jeg ønsker her! Jeg ønsker faktisk ikke, at der skal være en kamp! Jeg ønsker, at der skal være en energi, som løfter!

DR.LIVING'STONE: Ja, ja. Overdrivelse fremmer forståelsen?
Men mindre kan også gøre det!!

MR.FLINT'STONE: Ja! Så. Ja. Jeg tænker, at vi kører én. Det varer cirka tyve minutter! Og så evaluerer vi lige. *Hvordan gik det?* og så kører vi den næste.

Det kan være, at vi starter med lidt af det sidste. For så kan vi altid lave den om! I stedet for at den første blot bliver helt *"skæv"!*

DR.LIVING'STONE: Jo, det er ligesom med en pandekage. Det er sjældent, at den første pandekage er den bedste!

MR.FLINT'STONE: Lige præcis! Så jeg tænker bare, at vi starter lidt længere nede i systemet. Så får vi ligesom testet formen af!

DR.LIVING'STONE: Vi må kunne bruge det, som åbner "os" op?

MR.FLINT'STONE: Ja, lige præcis, så...?

DR.LIVING'STONE: Uanset, så glæder jeg mig da til at se dig igen, ven!

MR.FLINT'STONE: Ja, men prøv at hør her! Det bliver skide hyggeligt, og vi skal jo bare have en god dag!

DR.LIVING'STONE: Ja, netop og fedt at det kan lade sig gøre! Og jeg prøvede også at finde på nogle gode spørgsmål, så jeg kunne hive noget af din viden ud, og hjælpe mig i min situation!

Det er klart, at så har jeg fået dig lidt til at tænke på pessimistens tegn. Og det har jeg så kunne afkode ud af mine spørgsmål, at det har fået dig til at tænke det?

MR.FLINT'STONE: Prøv at hør her. Jeg vil rigtig gerne tage den. Bare ikke i den *podcast*!

DR.LIVING'STONE: Nej, det er jeg med på!

MR.FLINT'STONE: Jeg er slet ikke bange for hverken debatten, eller.... ?? Det er bare ikke den her gang! Hvis du så på et tidspunkt siger: *Prøv at hør! Jeg vil lave den!* Så er jeg sgu frisk på den - på telefonen!

DR.LIVING'STONE: Men det er jo netop den der behovspyramide.

Når du kommer ud til din gængse målgruppe, så er den pyramide jo stort set struktureret. Og det kan da være at formen kan komme til at skinne af mere glæde i sin *"geshæft"*, men behovspyramiden er jo netop ikke intakt, når man kun har en base, familie, hjem.

Men mangler det ben som hedder: *Hvad lever du af??*

MR.FLINT'STONE: Ja, men der er jo også, at jeg hørte jo den her, som hedder Michael Peronard Beckman, som sagde at:

"Hvis du kan være taknemmelige uden grund, så finder du pludselig noget, som du kan være taknemmelige for!"

Og det er jo det, at hvis man begynder at sætte fokus på nogle simple ting, som man kan være taknemmelig for, så kommer der pludselig nogle større ting, som man kan være taknemmelig for! Og det er jo ligesom en energi, man går ind i.

Som han sagde det så fint, du kan jo prøve at tage det på *Youtube.*

"If you can be grateful for nothing, then you will find something, you will be grateful for!". Og det er meget rigtigt.

DR.LIVING'STONE: Men er det nok bare at sige tak? Fortoner det sig som en god energi? Også selvom at man bruger det i en komplementær situation! *Tak for denne groteske situation?!*

MR.FLINT'STONE: Det er det, som jeg mener! Det er ikke det sprog, som jeg vil have ind! Det "opkast" er ligesom pessimisten, som taler der! Det vil jeg bare ikke have ind i det! For så skal jeg til at svare i et helt andet sprog! Og så skal du tænke på, at det hedder *"Arbejdsglæde for Alle – også Arbejdsløse!".* Som udgangspunkt er det for dem, som har et arbejde, og så runder vi det af med: *Hvordan kan en arbejdsløs bruge det?* Altså jeg ved ikke, om du har en *"grotesk situation"??* Du kan jo være taknemmelig for, at du har tid på hånden??

DR.LIVING'STONE: Ja, klart

MR.FLINT'STONE: Altså det kan du da være taknemmelig for! Du kan være taknemmelig for, at du kan tingene i dit eget tempo det meste af tiden! Du kan være taknemmelig for, at du ikke har en irriterende chef, som råber af dig. Du kan være taknemmelig for så meget!

DR.LIVING'STONE: Ja, præcis! Man kan næsten bliver overvældet af al den taknemmelighed. Fordi man ikke er forceret til, at skulle nå det samme som dem der i arbejde.

Jeg er forbløffet over, hvorledes folk på arbejdsmarked har, og jeg selv har haft, et så kæmpe stort overskud selvom, at man ikke tænker over det som en stor indsats.

I forhold til i dag, hvor jeg har de 37 timer tilgængelig også i min hverdag, og ikke skal tilbringe dem med noget andet. Men alligevel synes jeg ikke, at overskuet tilsvarende er blevet større selvom, at jeg har fået frigivet de 37 timer?! Sådan føles det ikke! For når man har travlt med alt muligt andet, så bliver tiden også mere fokuseret sammen, med det som man skal, og det som man vil!

Hvis man ikke har en deadline, om hvornår man skal være færdig, så kan man jo blive ved. Mødet kan trække ud, og vi bliver ved med at snakke om det samme på forskellige måder. Der er det jo fint at sige, at det er en øvelse. Det er på seks minutter. Ikke fem!

Det er enkelt, og simpelt! Es - Komprimeret!

MR.FLINT'STONE: Ja. Ved du hvad? Vi kaster os bare ud i det! Jeg tror, at vi finder formlen efter, at vi har kørt tyve minutter én omgang!

DR.LIVING'STONE: Og du har booket tre timer? Det var det?

MR.FLINT'STONE: Jeg har booket tre timer. Ja, så vi har i hvert tilfælde tid til at lave fem gange tyve minutter med nogle gode pauser! Jeg tror, at vi finder formlen efter den første!

DR.LIVING'STONE: Men hende som du lavede sparring med i den *podcast*, som jeg hørte med dig, nu gik jeg ikke ind i, hvem hun var og hvilken relation, som hun havde til interviewet?

MR.FLINT'STONE: Hvad tænker du på?

DR.LIVING'STONE: Var hun journalist eller??

MR.FLINT'STONE: Nej, hun har faktisk været salgschef på BT i ni år, og nu er hun startet selvstændig som coach og workshop leder! Og jeg var ude at høre hende, hvor hun skulle lave et oplæg. Hun skrev faktisk til mig, fordi hun godt ville lave noget af det, som jeg laver! Så inviterede hun mig ud en dag med noget, som hun skulle lave gratis. Og så var hun faktisk pisse god! Og så har jeg bare bakket hende op og givet hende mental opbakning.

Og så da hun lavede den her *podcast*, så ville hun gerne have, at jeg skulle være hendes første gæst! Men hun er en super dygtig kvinde, som er startet selvstændig for ét år siden! Men altså super dygtig!

DR.LIVING'STONE: Og hun lever af at lave *podcast* i dag?

MR.FLINT'STONE: Det er jo en del af hendes ting! Hun er også ved at skrive en bog og...?? Altså hun prøver også at sælge nogle *workshops*. Det er lidt svært i starten for de fleste! Men hun er sgu sej altså! Du kunne også prøve at lytte til hende, eller den *podcast* igen. Det er jo egentlig nogle meget få greb, som hun bruger for at få mig til at tale! Det er måske et sted i mellem fem og ti spørgsmål. Og det er jo næsten en halvtime, som kører der.

Så prøv at hør hende igen, og hvad det er, som hun egentlig siger!

DR.LIVING'STONE: Og du havde selv en henvisning til den på din hjemmeside ikke?

MR.FLINT'STONE: Hvis du går ind fredflintstone.com, så er den på startsiden. Du kan klikke på den.

DR.LIVING'STONE: Okay. Smukt. *I will do that Fred!*

MR.FLINT'STONE: *Yes!* Ja!

DR.LIVING'STONE: Er der nogle ting, som du selv vil igennem? Hvad er det vigtigste? Så kan vi starte med det! Nu sagde jeg godt nok det med den pandekage, at den første ikke var den bedste! Vi kunne jo starte med de ting, som du selv synes, ville være presserende, eller interessante at komme omkring?

MR.FLINT'STONE: Det skal jeg nok finde til på onsdag.

Jeg skal nok finde en god en at starte på.

DR.LIVING'STONE: Men formålet er at løfte med glæde med de her ti øvelser?

MR.FLINT'STONE: Lige præcis. Det skal være sådan, at man føler sig opløftet! Motiveret og opløftet, til at gøre det her. Det skal ikke være en diskussion, om det virker! Det skal være mig, som fortæller, at det virker!!

DR.LIVING'STONE: Nu så jeg ikke selv den julekalender, men jeg hørte om en, hvor de optog den i streg. Og det var måske i seks timer, men de fordelte det over 24 afsnit! De brugte så alkohol, for at skabe en progression af noget andet, som er mere ukontrollerbart i samtalen. Ikke at vi behøves at drikke os fulde, for at se hvad der sker i samtalen. Men det var det element, som de brugte til at få noget sjovt ud af det!

MR.FLINT'STONE: Hvad tænker du? Hvad er din idé?
Jeg forstår ikke rigtig, hvad du mener??

DR.LIVING'STONE: At man enten udsætter sig selv for nogle ting i løbet af interviewet! Det var jo det, som Ghita Nørby sagde fra overfor i et interview, som skulle vare i syv timer!! Det var jo netop for at se, hvad sker der midt i interviewet uden, at skulle håbe at den du interviewer, siger noget uventet! Eller fremtryller en krystal midt i det hele, som bare skinner igennem?? Men selve elementet med at presse timerne over flere afsnit – Værterne blev hurtigt anderledes over de seks timer…!

MR.FLINT'STONE: Nej, det vil jeg gerne. For jeg vil godt have, at folk kan vælge at sige, at nu vil jeg godt koncentrere mig om tillid! Eller..?? Altså jeg synes ikke, at vi skal køre i en smører! Det synes jeg ikke!

DR.LIVING'STONE: Nej, men det var ikke om, vi skulle drikke os plakatfulde! Men hvad sker der efter, at vi har drukket en øl, eller røget en joint i vores samtale?? I forhold til spørgsmål og i forhold til progression, og hvad vi får vendt?? Eller om det tværtom er en obstruktion, som ikke vil virke på dig? Det ved jeg ikke?? Det kunne også være ti engle hop, og så snakker vi videre bagefter? På den måde at vi udsætter os selv for noget fysisk, såvel som en samtale? Skak - Boksning?? *En boksehandske og et skakspil??*

MR.FLINT'STONE: Ja. Hmm. Jeg skal lige tænke over det!
Jeg skal lige tænke over det!

DR.LIVING'STONE: Det er, hvad der måske kan få dig til at åbne op og snakke? Hvad er dit drug? Nogle snakker, når de får rødvin, andre åbner for snakketøjet, når de ryger –

Et eller andet? Nogle skal blot bruge kaffe?

MR.FLINT'STONE: Altså jeg tror ikke. Nej ikke den her. Prøv at hør her! Jeg har lavet mange underlige ting.

Men den her skal bare lige være *straight*! Det er min første, og den skal bare lige være *straight*!

DR.LIVING'STONE: Nå det er din første??

MR.FLINT'STONE: Ja – gu fandeme er det min første *podcast*!!

Jeg har aldrig lavet det før!

DR.LIVING'STONE: Du er simpelthen debutant??

Nå jeg troede, at du havde lidt rundt omkring??

MR.FLINT'STONE: Nej, nej, nej, nej!

DR.LIVING'STONE: Ja, ja. Men klart! Det er fint!

MR.FLINT'STONE: Nå! Men jeg bliver nødt til at løbe nu! Men æh….?? *Vi har den. Vi behøver ikke vrider den mere. Vi laver en, og så har vi den!*

DR.LIVING'STONE: Og ellers er jeg på Ingerslevsboulevard 10.30.

MR.FLINT'STONE: Var det 10.30?

DR.LIVING'STONE: Ja, det tror jeg! Ellers skal jeg nok eftersende besked!

MR.FLINT'STONE: Det er fint

DR.LIVING'STONE: Ja, det er godt

MR.FLINT'STONE: Alle tiders. Vi tales!

DR.LIVING'STONE: Ja, vi gør så!

HVORDAN BLIVER MAN SÅ GLAD?

- Ext PÅ EN BÅD I STILLEHAVET Dag

DR.LIVING'STONE:
Hvor mange er her for at undgå fejl? Grateful dead?

En taknemmelig død?? Det er alligevel et forkert udgangspunkt. Man skal stræbe efter succes og tag ved lære af fejlene. Psykologien ved "Selv motivation".

Jeg har det hårdest job på planeten. Jeg er en far!

Børn skal have en lykkelig barndom. Men det er ikke alle, som er glade. De føler vores stress. Og mange lider af angst. Så hvordan flytter man dem fra angst til glæde?

Glade jul, dejlige jul!!

Alle lyser pludselig op. Det lærer man af sang. Og det at give gør en glad! Men hvorfor? Hvad er psykologien ved at give? Den naturlige høje fornemmelse? Hjernen er *indstillet* for at give. Vores *kortisol* niveau falder, og det skaber glæde. Man kan være glad hver dag, og det er nemt at lære! Det kan læres af en treårige!

Nu vil "vi" give tilbage til verdenen i et år – dig og mig! *Hvor mange dage er der på et år??* Vi skal være sød, hjælpsomme og givende de næste 365 dage! Ord er magtfulde, hvis det også føder en aktion!

Samle skrald, affaldshåndtere, giv tøj til overskudslager, doner tæpper til hjemmeløse, et måltid, give noget til hundeinternater. Småkager, en hilsen på et kort! Og folk vil smile tilbage til dig! At give, gør dig glad! Det er nemmere end at børste tænder for en fireårige. *"Giv365dage udfordring"!* Daglige give rutiner. Sælge popkorn og doner pengene fra overskuet til kræftens bekæmpelse! Dine aktioner kan skabe en bedre verden! Det er for alle, uanset hvor man kommer fra, eller hvor man bor. 365 gaver! Hvad giver det ikke i en virksomhed? Over fem millioner mennesker? Det er mange gaver, som vil skabe en bedre verden. Et bedre Danmark! Doner, meld dig som frivillig. Det er sådan, at man går fra angst tilstande til glæde. Én gave, én dag af gangen!

Som at børste tænder. En vedholdende øvelse. Jeg har gjort det til en øvelse at give en gave til dem, som jeg ved, at jeg skal møde.

Jeg har blomster med til mr. Flint'stone. Det hænger sammen med hvorledes, at vi tænker. Men fejl har det med at blive siddende længere tid i det negative, end det positive. Tænker man halvt fuldt eller halv tomt? De fleste foretrækker halvt fuldt! *Du har 70% procent chance for at overleve operationen! Eller du har 30% chance for at dø! Begge er lidt nogle lorte odds!* Men det tabte har det med at tage fokus. Det er nemt at gå fra godt til dårligt, men sværere at gå fra dårligt, til godt! Det tager længere tid at vende stemningen efter en krise, selvom at man kommer med gode nyheder. For folk husker alligevel det dårlige! Man skal arbejde på at se på "op" siden af de eksempler! Bogstaveligt! At øve sig på at gør det bedre! Ligesom at skrive hvad man er taknemmelig for kan skabe drastiske *boost* for dit velbefindende og endda dit helbred. Vi kan øve os på at fortælle gode nyheder. I stedet for om alt det som er gået galt, eller at chefen var dum! Vi glemmer at tale om det gode stof, og det er det, som vores hjerne skal trænes til!

Hvad skete der i dag, som var godt?

Måske var din dag ganske god? Måske kan man vende stemningen ved at tilgive, og være mere givende? Måske er glasset mere halvt fyldt? *Stadig med lort!?* Måske kan du stadigvæk inspireres?

Men mennesket har det måske med at ville sabotere sig selv?

Du vil være stresset, og indebrændt med stoffer, alkohol, fastfood og TV og spil?? Kan man overhovedet ændre på det? Med armene over hovedet? Er der noget, som kan gribe dig, i det du træffer et valg, om at det er skønt, og risikoen er det værd. At ændre sine vaner!

Men når du så lykkes, er du jo som inspireret! Det er jo et adrenalin kick! Du er mere inspireret og fyldt med brændstof. Energi, når man gider at fralægge sig den form for selvsabotage!

Men hvor mange føler sig egentlig godt tilpas omkring andre? Det er jo en usikkerhed, som kun ti procent vil hæve armen til! De fleste er nok meget generte, og det skaber usikkerhed. Det opstår jo allerede i barndommen. En konstant kritik. *Du er ikke god nok!*

Men hvordan føler du omkring dig selv?

Kritiserer du dig selv? Eller føler du forbundet? 80% tænker negative tanker! Eller at man ikke passer ind!

Det er jo igennem meditation, at man bliver åbenbart for de negative tanker, som kan holde dig tilbage! Men det kræver jo øvelse! Men mon ikke at du med tiden får mere sikkerhed, om dig selv, fordi du selv bliver mere passioneret. Men så får du sikkert pludselig travlt og bliver stresset, og så forsvinder passionen, og du er måske nødt til at lægge om. Og ikke tænke at du ikke er tilstrækkelig, at du er ved at brænde sammen!

Så skal vi tilbage til at meditere! Og vi har det med at glemme det at vedligeholde os selv! Måske skulle alle virksomheder indrette sig med et meditations rum? Så ansatte har mulighed for selvmedicinere for deres tanker! Selv bevidstheds rum! Men det kunne også være i fællesskaber?? Men tiden er bare ikke til det!

Man kan gå ind i sig selv! Være fokuseret på intuitionen! Bevæge sig frem af med følelsesmæssig intelligens. Så du bliver frigivet, og kan leve et mere ubegrænset liv! Hvad er du passioneret omkring? Og er der noget, som holder dig tilbage? Og hvis der er, hvilken pris betaler du følelsesmæssigt, fysisk, åndeligt? Det er hårde tider for mange. Hvad ville der ske, hvis du slipper de negative tanker, og skrue ned for volumen af de negative trosretninger, og åbner op for, hvad er muligt for dig? Ubegrænset muligheder? Ingen fart grænser? Jeg opmuntrer dig til at tage noget tid ud hver dag til selv refleksion. Selv hvis det er "sex" minutter om dagen, vil det gøre en verden til forskel. Og det er hvor, at du kan forbinde dig med dit indre selv. Så du kan finde din passion, så du har mulighed for at træffe den rigtig beslutning i dit liv! Jeg lever det mest oplyste år, som jeg nogensinde har levet i årevis, og jeg vil ønske det samme for dig!

Men den rette indstilling betyder noget. Det er jo det, som placebo netop illustrerer så smukt! To grupper undergår begge en stor operation, og får morfin som smertestillende. Men den ene gruppe får en injektion af en fysisk læge, og den anden gruppe får præcis samme smertestillende dosis, men igennem en tidsindstillet mekanisme med et drop i armen.

Og patienterne lægger derfor ikke mærke til, at de har fået noget smertestillende. De føler derfor heller ikke den store lindring efter deres operation, som gruppen der så det fysisk. Og det gælder for alle former for eksperimenter. Hvad er den sande natur af placebo egentlig?

De fleste ser det blot som et magisk svar på en falsk pille eller en falsk operation. Men det er ikke, hvad placebo effekten er. Det er ikke om den falske sukker pille. Det er en magtfuld, robust og vedholdende demonstration af vores muligheder med vores indstilling! Og i placebos rollen er forventningen om at heles, til at få cellerne til at rekruttere i kroppen. Så hvad er et *mindset*?

Et *mindset* er bogstaveligt en indstilling i hjernen. Det er en linse eller en ramme hvor igennem, at vi ser verdenen. Vi simplificerer de uendelige antal mulige tolkninger på et hvilket som helst givent tidspunkt. Nu er evnen til at simplificere vores verden igennem vores indstilling, en naturlig del af det at være menneske, men det som jeg vil foreslå er, at disse indstillinger ikke er inkonsekvente, men i stedet spiller en dramatisk rolle i at afgøre vores helbred og vores velbefindende. Øvelse er blot placebo måske?

Får du nok bevægelse i din hver dag?

De fleste ville nok svare nej! Men det er igen forbundet med vores indstilling, for de fleste er nok egentlig ikke klar over hvor mange kalorier, som de faktisk forbrænder i det daglige. Hvis de nu arbejder med hjemmehjælp! Hvis man blot fremviste en kort 15 minutters propaganda med: *At dit arbejde faktisk er en god øvelse! Det svarer til de 30 minutters bevægelse, som et menneske skal røre sig om dagen. Du skal forvente at modtage de fordele!*

Bevidstgørelse. Man har lavet test på det her med grupper, som fik målt deres helbred før og efter fire uger med eksperimentet. Og dem som ikke blev oplyst om fordelene, ændrede sig ikke. Men dem som gjorde, så anderledes ud! De tabte sig i vægt! De havde en betydelig reduktion i deres systoliske blodtryk. De tabte kropsfedt. Og de rapporterede, at de holdte mere af deres arbejde!

Så hvad fortæller det om os?

Jeg finder det fascinerende at blot fordi, man laver en simpel oplysningskampagne, ændrede hele spillet sig.

Det producerede en hel kaskade af effekter på både deres helbred og deres velbefindende! Og antageligt uden at ændre på deres opførelse. Men nogle tænker sikkert:

Hvordan ved vi, at de ikke ændrede opførelse? For det må da være det, som har produceret effekterne??

Men ingen arbejdede mere end de andre. Men man kan ikke vide, om de gjorde sig lidt ekstra anstrengelser i at rede en seng!

Men er der en direkte, umiddelbar forbindelse i mellem vores indstillinger og vores kroppe? Vores grehlin-niveau i tarmene, når vi er sulten, kan snydes med en varedeklaration på en milkshake! Hvis man skriver, at der er mere sukker, fedt og kalorier i et produkt sætter det sig i kroppen selvom, at det er snyd hvad, som der står på pakken! Det kan måles i en IV maskine.

Hvad med stress? Hvad er indstillingen for stress? Det er rent negativt i de flestes øre, men stress kan også have en positiv effekt. Det kan øge effekten af vores velbefindende og på vores forestillinger! Det er ikke for at sige, at stress er at forhøje, men for at understrege at sandheden af stress er som det meste i livet! Det er usikkert! Men spørgsmålet er, om vores indstilling omkring stress afgør vores svar? Man kan tale stress "op" såvel som at tale det "ned"! Det kan være afgørende med lidt stress i kroppen for at præstere til en eksamen, men for meget stress...?? Og så videre

Så her er vi i mørket og kigger på fakta, og anekdoter, alle sande, men rettet imod et perspektiv. Eksperimenter med 300 ansatte, som fik en daglig dosis med forskelligheder ved stress fordele og ulemper, blev også analyseret og dem med positiv stress udredning, led af færre rygproblemer, færre muskelsmerter, mindre søvnløshed, og fik samtidigt et højere niveau af engagement og performance på arbejdet! Der er mange, som benytter og håndterer dette fænomen med placebo! Hvis man kan ændre intelligens, som noget der er fastsat, til noget som er mere modellerbart over tid, så kan det ændre vores akademiske og professionelle succes dramatisk!

Hvis vi kan ændre vores indstilling om det at ældes, fra at se det at ældes som en uundgåelig proces af opløsning til en proces i at øge visdom - og øge vækst. Ikke kun skaber det kursen for hvordan, at vi bliver gamle, men det udvider samtidig holdbarheden! Hvordan kan man høste og etisk benytte placebo effekten i arbejdsmæssig praksis? Vores indstilling betyder noget! Misforstår mig ej, at medicin ikke virker, eller at der ikke er fordele i at dyrke motion, eller hvad som vi spiser ikke betyder noget, for det gør det! Men det psykologiske og den psykologiske effekt af alt i vores liv kan, og er influeret af vores indstilling!

Så er kraften af indstillinger ubegrænset?

Sikkert ikke. Men forhåbentlig har det inspireret dig til at undersøge, hvor de grænser i virkeligheden er. For den virkelig opgave ligger i at genkræve denne kraft i os selv til at anerkende kraften af en indstilling og et *mindset*. Og vide at med et blink med øjet, kan vi ændre en hvilken som helst facet i livet, ret simpelt med at ændre vores indstilling!

Vi skal jo også lære principperne for at være en smule mere bæredygtige, og ikke kun at have et fokus på konkurrence. Hvis en sælger også skal have plads til alle de forskellige støvsugerposer, så er der jo ikke blot tre slags at vælge imellem!!? Og hvis nogen opfinder en smartere støvsugerpose, så kan den måske erstatte tidligere foranstaltninger, uden at den er blevet patenteret! Og Borat som går rundt i supermarked, og spørger på sin 100 meter lange spadseretur langs køleren kun fyldt med ost!!

What is this?? It's cheese! *And what is this?* That is also cheese! All of this are just cheese! *And this, what is this.......?? And so on!*

Law of Attraction. Vi modtager 90% giftig information om dagen, som gør det svært at kontrollere vores tanker. Informations niveauet er højt! Så hvad kan man gøre? Sove. Vores hjerner er højt aktive om natten. Derfor er det vigtigt med ro, inden man lukker øjnene. Måske lidt roligt musik, vand lyde. Sover du nok? Og er det en god dyb søvn? 7-8 timer?

Har du en god dag?

Hvis du har en god dag, hvorfor er den god?

Og hvis den er dårlig, hvorfor er den dårlig?

Vil du helst have en god dag i morgen eller en dårlig en af slagsen? Hvad med i overmorgen? Hvad med på søndag? Hvad med mandag? Vil du have en god dag der? Tirsdag? Onsdag? Torsdag? Engang i næste uge? Ja, det er sikkert dumme spørgsmål! Vi vil gerne have en god dag, hver dag.

Nej, jeg vil have en dårlig dag på onsdag!!

Det taler til det, som vi alle ønsker for os selv i vores hjerter. Vi har en god dag, når vi er glade. Og vi vil være glade – hver dag! Der er ikke en dag, hvor vi ikke vil være glade. Men uanset om vi har en god eller dårlig dag, er mere et spørgsmål om, hvordan vi svarer på det andet spørgsmål! Hvad var det andet spørgsmål?? Hvorfor? Hvorfor har jeg en god eller en dårlig dag? Meget af tiden er vores hjerne en blæst i vinden! Når tingene går godt og i vores retning, men hvis noget går galt, som at skulle samarbejde med en kollega, som man ikke kan lide. Du har sikkert ingen på dit arbejde?? Hvis vi bliver tvunget til noget, som vi ikke vil forsvinder vores glædesfølelse. Så spørgsmålet om hvorfor har jeg en god dag? Eller hvorfor har jeg en dårlig dag?

Ja, jeg var med til at lave en skide god podcast, og bagefter spiste jeg frokost på cafeen, og fik en god kold øl, så det var bare en super dag!

Så længe at vores begrundelser for hvorfor at vi har en god dag, er en ekstern liste, så vil vi ikke have en stabil glæde, som vi alle ønsker! Og slet ikke hvis man hedder slagter Max, og ikke længere er slagter! Vi kan ikke kontrollere situationer, mennesker, omstændigheder hver eneste dag. Så vil vores glæde være i andres hænder. Det vil være, som vinden blæser eller afhængig af en fodboldkamps resultat! Så hvis man virkelig ønsker at have en god dag – hver dag, så er der to ting, som vi skal gøre, og det første er: At vi skal uddeleger vores glæde, og uddeleger vores uglæder på omstændigheder og mennesker. Med andre ord.

Så skal vi stoppe med at begrunde vores glæde på, hvad der sker eksternt, og vi skal stoppe med at bebrejde andre for vores ulykke.

Så længe at man kobler sin egen lykke på de parametre eller gør dem skyldig i at være trist, vil dit glædes parametre være ustabilt! Vores andet job er aktivt at kultivere en kilde af fred, og en kilde af glæde som kommer indefra vores egen krop og hjerne. Glæde eller ulykker er et standpunkt, og derfor kan de ægte omstændigheder ikke finde sted udenfor hjernen. Så hvis vi er fredsommelig i vores sind, vil vi være glade, uanset om mennesker og omstændigheder presser os. Hvis vores hjerne er presset, og selvom at omstændighederne er gode, vil det sandsynligt være umuligt at være glad. Så med andre ord. Det er ikke det, som der sker, som gør os glade eller ulykkelige. Det er hvorledes ens respons er til disse omstændigheder, der afgør, om vi er glade, eller ikke er glade. Det er hvad vores tilstandsbillede af, hvorledes vores hjerner er og om vores glæde eller ulykkes selvindtryk.

Jeg taler til dit primær sind. Dig som sidder og læser disse ord lige nu. Ikke dit sekundær sind med alle dine drømme. Det er ikke raketvidenskab, og det er ikke svært at forstå. Og til en hvis grad, vil de fleste vide det. Men hvordan kultiverer man det stabile og fredsommelige sind uanset ydre omstændigheder? Igen er det meditation, som har høstet størst anerkendelse for sit værk. Og det kræver endnu en bog, blot at give meditation retfærdiggørelse. Men for formålet her kan man sige, at meditation er den mentale aktion for at koncentrere sig om at tænke glade og fredsommelige tanker. Hvis vi koncentrerer os om at føle os glade, kan vi kalde det meditation. Hænderne i skødet og sidde roligt! Det er ikke til at se, om jeg mediterer eller ej! Jeg kunne sidde og tænke på min tur til København i morgen! Eller indkøbs sedlen?? Det er kun meditation, hvis jeg fokuser på en positiv og fredsommelig tanke.

Det kan jo inkorporeres ret enkelt i vores daglige liv.

Vi koncentrerer os om vores tålmodighed, og vi lader os ikke forstyrre. Hvorfor ikke prøve det nu! Blot et kort øjeblik af tre minutters varighed. Prøv at komme i kontakt med vores eget potentiale for et glad og fredsommeligt sind! Så nu skal du blot sidde komfortabelt med fødderne på jorden og hænderne i skødet og lukke øjnene og mærke fornemmelserne ved dit åndedræt!

Lige ved næsetippen!

Og som du udånder kan du forestille dig at al din irritation og mentale forstyrrelser kan komme ud med frustrationer, som kommer ud som sort røg. Og som du indhaler, den nye friske luft kan du forestille dig et klart hvidt lys, som er et billede af indre fred. Og du kan forestille dig at dette hvide lys fylder hele din krop og dit sind. Og i et par sekunder kan du nyde denne indre glæde, som kommer indefra. Og som vi afslutter, skal du blot bringe den glæde med tilbage til resten af din dag. Til at bruge det som en fordel for andre. Og så er meditationen over. Tak! Lav en dejlig dag!

***

Jeg kan huske, at jeg fik et chok første gang, at jeg tog til Afrika. Jeg var chokeret, da jeg mødte en et benet taxachauffør i Kenya. Jeg var chokeret, da jeg så skolebørn i uniformer. Og jeg var chokeret, da jeg mødte "bonderøve" i bungalows i Marokko og Tunesien. Det som chokerede mig, var ikke deres fattigdom, men deres glæde!! Jeg fandt deres glæde slående! Mere slående end fattigdommen. Selvfølgelig var ikke alle glade, men af dem som lå over et eksistensniveau, var jeg overrasket over, hvor generelt tilfredse som mange af dem var. Og jeg blev fascineret af denne observation, denne ide om glæde. Og siden da har jeg undersøgt det, og jeg har "arbejdet" med det. Jeg har tænkt på det. Jeg er også interesseret i det i et rentabelt perspektiv. Det er en af de ting, som jeg undersøgte, da jeg gik på arkitektskolen i Aarhus og Eastlondon. Og jeg er interesseret i det fra et social entreprise perspektiv, fordi glæde er trods alt det ultimative sociale udkomme. Og jeg synes, at det er særdeles vigtigt at tale om glæde i dag. Men inden vil jeg lave en lille quiz, et lille spil! Det er en simpel multisvar quiz, og jeg har inviteret tre aber med som dine konkurrenter! Og du skal blot svare ærligt, når jeg giver dig spørgsmålene. Første spørgsmål. Forestil dig at du skal konkurrere til et mesterskab, hvad vil du foretrække?

A) At komme på anden pladsen.

B) At komme på tredje pladsen.

C) At komme anden sidst

Skulle du være en af dem, som svarer C, er jeg ikke sikker på, at du bliver udtaget til holdet! Det er nok ikke nogen overraskelse. Men 90% vil gerne komme som nummer to af de forslag.

Men spørger vi aberne, så vil de ikke forstå spørgsmålet og svare lige meget på alle tre. Spørgsmål nummer to. Forestil dig at du vinder i Lotto. Og du har mulighed for at få :

A) 60 millioner i morgen.

B) Få beløb i rater resten af dit liv til en værdi af 50 millioner.

De fleste i befolkningen er kortsynet, og de fleste ville vælge at få alle pengene nu. Igen her er det 50/50 sandsynlighed med aberne. De kunne genkende, at der var to muligheder og ikke tre!

Det tredje spørgsmål. Du må selv vælge dit honorar, og du er kun interesseret i din egen lykke, hvad ville du foretrække?

A) Du får 500.000 i løn, og alle andre får det samme!

B) Du får 500.000 i løn og alle andre får 600.000

C) Du får 400.000 i løn og alle andre får 300.000 kroner.

60% vælger nummer 1. Og 34% vælger nummer 2, og seks procent ville vælge den sidste. Med aberne er ret vedholdende, og det er en tredjedel til hver. Men hvad er de virkelige svar her?

Hvad siger forskningen om, hvad der gør os rigtige glade og tilfredse? Til spørgsmål ét skulle man egentlig have svaret at komme på tredje pladsen. For der findes ingen ende på sølvvindere, som virker ulykkelige. De fleste har en fornemmelse af at tabe guldet! Og at vinde bronze medaljer alligevel!

Til spørgsmål to er det fornuftige svar nok nummer to – *At få beløbet i rater.* Og spørgsmål nummer tre er "det korrekte" svar C) Antagelsen var at: *Du er kun interesseret i din egen lykke,* hvilket som kun er seks procent, der ville have valgt!

Så aberne vinder faktisk det samlede resultat i to ud af tre af spørgsmål for, hvad der gør os tilfreds, glad og lykkelig!

Så man kan udtrykke, at du er måske lige en anelse bedre til at forudsige glæde end resten af befolkningen, men du er stadigvæk en smule ynkelig, er jeg ked af at sige! Aberne ville slå dig i konkurrencen. De ville vinde med to ud af tre, og det er måske også derfor, at de smiler mere end mennesker. Men det interessante er, at det ikke kun er os, som er dårlige til at forudsige glæde.

Kigger man på et makroniveau, støtter data også dette.

Vi er rigere end nogensinde, men samtidig mere ulykkelig end nogensinde! Vi har større fremgange, men vi er mere deprimeret.

Vi er mindre tilfredse.

Vi har hurtigere transport, men vi er hurtigere til at klage over det! Og i mange lande er der snart flere selvmord end mord! Vi har i dag et større overflod af varer, og servicen er højere end nogensinde før. Vi har teknologi, som udvikler sig ekspotentielt, men vi ser ikke en tilsvarende relation i forøgelsen af vores tilfredshed i livet og i vores lykke. Det er måske en af de store paradokser i vores tid. Og det fremtrædende spørgsmål er:

Hvorfor er det at individer og regeringer er så dårlige til at forudsige lykke? Hvorfor tager vi fejl så ofte?

Jeg tror, at det er fordi, vi ikke rigtig forstår, hvorfor at vi er ulykkelige. Så spørgsmålet skulle nærmere være: *Hvad er den tydelige grund til, at vi er ulykkelig? Hvad er forklaringen?* Det er ikke noget nemt spørgsmål at svare på, men det er noget, som jeg tænkt på, og undersøgt og udviklet til. Og igennem undersøgelser er den ene forklaring, som jeg finder langt mere fordøjelig, mere mulig, og mere lokkende end nogen anden. Og den forklaring er ikke, at vi har så mange muligheder, at vi bliver stresset. Det er ikke, at vi økonomisk får det værre. I de fleste tilfælde har vi fået det bedre. Det er ikke fordi, vi har en større rapportering om depression og selvmord. Det er sandt, men det forklarer kun lidt om data. Det er ikke grundet familie opbrud, eller reduceret frihed. Grunden til at vi er ulykkelige, den mest logiske forklaring, som man kan udlede af data og forskning, relaterer sig til forventninger.

På et helt basalt niveau er vi ulykkelige, når vores forventninger af virkeligheden overgår vores oplevelser af virkeligheden. Når vores forventning overgår virkeligheden.

Man kunne kalde dette et "forventnings hul", når vores forventninger er større end virkeligheden. Det er et simpelt koncept, men det er et uhyre vigtigt koncept at forstå fuldt ud. Og for at kunne forstå det, vil jeg gerne introducere tre former for forventnings huller. Tre forskellige forventnings huller –

- Baseret på de forskellige måder i hvilket vi former vores forventninger. Jeg mener, at vi former vores forventninger ud fra vores forestillingsevne, baseret på dem omkring os, og baseret på vores tidligere oplevelser. Men denne første type forventnings hul, vores forestillingsevne hul, som sker når vores forestillingsevne overgå virkeligheden. Når vi handler ind, vælger vi ud fra en række muligheder. Når vi tager ud at rejse, vælger vi fra en række forskellige muligheder. Når vi vælger statsminister, vælger vi fra en række muligheder. *Og hvordan træffer vi den beslutning?*

Vi vælger den, som vi vil mene vil være den bedste. Den vi forestiller os, vil være den bedste af de mulige kandidater. Det som vi gør er at forsøge at maksimere vores muligheder til en given pris.

Det er sådan de fleste træffer en beslutning. At gøre det anderledes vil være at vælge en mulighed, som vi ikke mener, vil være en så god beslutning. Som må synes lidt imod intuitionen! Men problemet her er alene det, at skulle vælge det, som vi tror, vil give os den største lykke, selve processen med at udvælge, er faktisk lige præcis det, som underminerer vores lykke. For det som det betyder er: At når vi ser virkeligheden, og når vi så oplever den, om det så er en vare, eller steder vi rejser til, eller den som vi vælger som statsminister, så er det højst sandsynlig, at virkeligheden ikke vil leve op til vores forventninger. Og det leder til skuffelser. Og teknologierne gør det blot endnu værre. Det som teknologi faktisk giver grobund for er, at ting som faktisk er urealistisk kan fremstå ægte. Ting som ikke engang er på lykke skalaen, ser ud til de faktisk er mulige.

Vi *photoshopper* og retoucherer ting ud, som vi digitalt fremhæver fotos. Og det som det skaber er at romantisere det at rejse, eller kommer på nogle fantastiske idéer om steder, som virkeligheden simpelthen ikke kan leve op til.

Det som teknologierne gør er, at det ændrer vores perspektiv, og forskyder virkeligheden, og får det urealistiske til at synes ægte. Noget af det som vi er gladest for, når vi rejser, er nogle gange de ting som man støder på sin vej, som man ikke lige havde forventet.

Når vi opdager ting på egen hånd, og hvor vi ikke har et forhåndsindtryk af forskellige steder. Og hvad som også gør det værre, kan være ens digitale adfærd, om det er *Google, Facebook* nyhedsbloggen, måden som den fremstiller information er, at den prioriterer de bedste billeder. De mest delte, og mest elskede billeder. Du vil med størst sandsynlighed se et foto, som har 200 *likes*, end et som to! Så vi får en forventning om, at de bedste billeder er det normale. Og således er det også med vores forestillingsevne. *Skulle bygningen ikke i øvrigt være hvid??*

Så er der overtagelse, fordi de fleste politikere bliver valgt på basis af lovede ting, som de ikke kan levere, ved at forhøje vores forventninger. Hvem ville du højst sandsynlig stemme på, hvis en politiker sagde*: "Jeg løser dit problem, hvis du stemmer på mig!* Eller måske en som mere ærligt siger: *Tingene ændrer sig sikkert, uanset om du stemmer på mig eller ej!". ?*

Du vil nok vælge den første, men du vil sikkert blive skuffet lige godt! Så vi er hele tiden i den konstant cirkel af forhøjet forventninger, og håb som bliver punkteret. Det er det samme med virksomheder. Virksomheder vil mere sandsynligt sige, at telefoner har ikke udført opgaver så hurtigt. De vil sikkert ikke fortælle os, at batterierne aldrig før er løbet så hurtigt tør! Hvilket begge er sande. Så når du har teknologi, og når du har forførelsen, og du har digitale fodaftryk, det som det skaber er, at vi forestiller os, kræver og forventer mere end virkeligheden kan leve op til. Og når det ubegrænset potentiale af vores hjerne, bliver mødt af det begrænset rum som jorden, bliver vi skuffet! Så er vi ulykkelige.

Forventninger og skuffelser er uforeneligt samlet!

I forhold til skønhed er det ikke noget under, at mindreværd er så lavt. Reklamebureauer lærte for længe siden, at hvis man kan få folk til at hade, så kan man sælge dem ting! Og nu gentager det sig bare for tid til anden. Og vi ser at reklamebureauer viser kun de bedste før-efter billeder. Billeder af modeller som ser perfekte ud, selvom at de ikke er. Vi er blevet et samfund af klagere, perfektionister, mod faktuelle historiker, folk som altid forestiller sig et anderledes og bedre udkomme end vores eget.

Men folk hvis forestillingsevne ikke kan tilfredsstilles. Det er forestillingshullet! Det er derfor, at forestillingsevnen overgå virkeligheden, og det er den første hovedårsag til hvorfor, at vi skulle være ulykkelig.

Den anden type forventnings hul, kan vi kalde det inter personlige hul. Det er hvor vi sammenligner vores virkelighed med andres virkelighed. Sagt enkelt, vi dømmer os selv, ud fra, hvad vi oplever omkring os. Hvis du tjener 500.000 i et fattigt nabolager, vil du føle dig rig. Hvis du tjener 500.000 og bor i et rigt område, vil du føle dig fattig. Hvis du får en lille lønforhøjelse, men alle andre får en større forhøjelse, vil du blive skuffet.

Det som du tjener, vil andre begræde og omvendt. Det er lidt en nul-sums løsning. Og det er ikke kun relateret til indkomsts sager, det er også det relative i udstrålingen, som er afgørende. En persons plastik kirurgi er en andens psykiske tab. Forskningen har vist, at vi faktisk er gladere, når vi er sammen med grimmere mennesker. Fordi vi er opfattet af andre at se objektivt bedre ud. Så hvis nogen spørg, om du vil med på en bar, så ved du hvorfor! Og hvad som er interessant er, at vi har en asymmetri at understrege. Vi prioriterer, vi fokuserer i den ene ende af spekteret. Vi fokuser på de rige, og berømte, og kigger mindre på den anden ende. Og på den måde er vi lavet til at synes fattigere, lavet til at føle os fattige, og til at føle os mindre succesfuld end vi egentlig er. Det er som, at vi løber på en hedonist trædemølle, konstant stræbende efter at blive lykkelige, men kommer ingen vegne. Fordi når vores levestandard forbedres, og hvis alle andres levestandarder forbedres, føler vi os ikke altid gladere.

Det var den anden måde, som vi former vores forventninger, baseret på andre omkring os.

Den tredje måde og sidste måde er baseret på vores tidligere oplevelser. Vi er ulykkelige, når vores tidligere virkelighed er bedre end vores nuværende. Hvis to mennesker har samme indkomst i livet. Der er:

Person A, som falder i indkomst over tid. Og

Person B som øger sin indkomst hele livet.

Forskningen viser, at man er altid gladest, hvis man er person B og oplever, at man stiger i løn, selvom at de samlet set tjener det samme! Bare tag DR's tidligere general direktør, nu taxa chauffør! Men hvorfor er det sådan? Psykologerne kalder det for et anker.

Vi sammenligner med vores fortid. Og hvis du kontant forbedrer dine forventninger, og konstant bevæger dig frem af, så er du generelt glad. Det modsatte er gældende, hvis du er person A. Hvad betyder det i forhold til at opdrage børn. Vi har en tendens til at forkæle dem for at give dem den bedste start på livet. Men ofte leder de bedste intentioner ikke til det bedste resultat. Ja, vi skal støtte børn, men hvis vi giver dem alt, så er det sværere for dem, at få hvad man kunne kalde en positive opafgående kurve. Det bliver sværere for dem at forbedre sig over tid igennem deres liv. Og det kan potentielt underminere deres glæde.

Og når man taler om opdragelse, kan en anden ting i vores samfund som kan være et problem, at vi gerne vil fortælle børn, at de er specielle. At de er unikke. At de er af en særlig slags. At de er utrolige. Vi fortæller dem, at de kan blive statsminister eller præsident. De kan blive den næste Elon Musk. Eller vi fortæller dem, at de bliver en ny Søs Fenger en dag. Det betyder, at vi hæver deres forventninger. Så når det barn får et "normalt" job, eller starter en forretning, og eventuelt fejler, som det sker for de fleste, så er de skuffet. De er ulykkelige! Deres forventninger er ikke blevet tilfredsstillende. Jo, vi vil give børn en tro på sig selv, men vi vil ikke vildlede dem, og vi vil ikke vildlede os selv. Så det man kan se er, at det handler meget om vores forventninger.

Og vores forventninger er ofte afgjort ud fra, hvad vi kalder "normalt". Og det "normale" er baseret på vores forestillingsevne, baseret på folk omkring os, og baseret på vores fortid. Så der er disse konstante kampe.

Kampe mellem vores forestillingsevner og vores virkelighed.

Kampen mellem den virkelighed som vi oplever, og hvad som vi tænker eller tror, at andre oplever. Kampen mellem vores virkelighed og vores fortids virkelighed.

Hvordan kan man vinde disse kampe?

Den første udfordring for entreprenør og forretningsfolk, for forældre, for vælgere, redaktører og dig er at tage lykke som noget seriøst. At tage forventninger seriøst. Tit nedrykker vi lykke til en verden af kunst og ikke videnskab. Vi afviser det.

Vi tænker på det som nogen hippier end forretningsfolk.

Det som vi ønsker er, at man fokuserer på at forbedre sin tilfredshed, og ikke blot øge sit forbrug. I forhold til at vinde kampen om forestillingsevnen, skal den måske gøres bekendt for dem, som tegner indholdet. Vigtigheden af at have realistiske repræsentationer af billeder, mennesker, steder og events. Og vi skal måske gå så langt, at vi bandlyser digital forbedringer i reklamer. I forhold til at vinde den mellemmenneskelig kamp er det måske vigtig, at regeringer prioriterer økonomisk lighed.

Og at vi lære at konkurrere imod os selv, end imod andre.

Og i forhold til den inter temporale kamp, er det vigtigt at støtte børn, opmuntre dem, men også få dem til at forstå, at når det er umuligt, og ikke give dem en komplet uvirkelig forventning.

Man kan konkludere at vi måske er blevet forført til en måde at leve på, som næsten konspirerer på alle måder imod den mest basale tilfredsstillelse. Vi er så dårlige til at forudsige, hvad som vil gøre os lykkelige. Man ved at hver gang at en abe vinder over dig, at der er et problem. Vi er så dårlige til at forudsige lykke, fordi måden på at vi rationaliserer, og træffer en beslutning, er optimal på basis af aktuelle niveauer. Absolutte tilstande. Måden som vi føler er baseret på et relativt resultat baseret på forventninger.

Det er forventninger, som forklarer hvorledes at en bronzemedalje vinder kan være gladere end en sølv medalje vinder. Fordi at sølvvinderen forestiller sig at vinde, og bronze vinderen forestiller sig en fjerde plads. Det er forventning, som ofte forklarer, hvorfor lottovindere ikke er lykkelige; deres lykke holder ikke. Fordi at de ikke har et forøget niveau af tilfredsstillelse igennem deres liv.

Det er forventning, som kan forklare hvorfor, at du vil være gladest for at få 500.000 i stedet for at få 400.000. Vi tænker tit på lykke som noget isoleret i et vakuum, men i virkeligheden er vores lykke meget mere kompliceret. Det er meget mere kædet sammen med vores fællesskab, vores forestillingsevne, og vores fortid. Og det er vigtigt, at vi udtænker lidt forsigtigt, hvorledes vores hjerne virker. Hvordan vores følelser arbejder, og hvordan vores forventninger virker. Men det er vigtigt, at vi ændrer på den måde, som vi træffer beslutninger, således at vores tankeproces stemmer overens med vores følelses register.

Mine damer og herre. For dig, som vil forbedre livet ved andre og for dem, som har et ønske om at være glad, må det første skridt være, at finde ud af hvorfor at vi er ulykkelige? Og jeg håber at næste gang, skulle det ske at din beslutnings tagende dygtighed skulle svare til en chimpanse abe, håber jeg, at du ligger øverst.

Storken er en dejlig flyver.... Danmark er dejlig. De varme lande er noget lort! Kornet vokser fint på engen, bonden får sin mad på sengen. Danskeren er en dejlig mand! Danmark er et dejligt sted at være, for der er nemlig atmosfære. Danmark er et yndigt land!

Min mor lider af begyndende demens. Så i dag er bedre end i morgen. Det sætter ligesom parameteret, når vi er sammen. Og sådan skal man jo opføre sig sammen med alle. Og overføre det på alle dem, som man møder. De eller du kunne være død i morgen! Alle mine naboer i opgangen med ti ejere har jagttegn. Så jeg som formand, forsøger at holde tonen prober. Ellers kan det koste livet.

Jeg har været nødt til at nulstille mine værdier for ikke at historisk forsætte med mindreværds komplekser. *Hvordan tegner man årets nybyggeri i blandt 140 nationer – to gange??* Nej, der er vigtigere ting at tage fat på. Og 180 dræbte i trafikken!

FORVENTNINGENS HØJBORG
- Ext PÅ EN BÅD I STILLEHAVET Dag

DR.LIVING'STONE:

Tidligt op er sundt for en doven krop. Så jeg stod tidligt op. Faktisk fem minutter før at vækkeuret ringede 5.30. Og jeg kom i seng lidt i KL 24.00. Så er det alligevel imponerende, at man kan vågne af sig selv inden uret, selvom at man er en doven krop.

Men nu gik turen jo til hovedstaden til det famøse interview i et professionelt lydstudie. Mr. Flint'stone stod og ventede ved bus holdepladsen ved sin bil. Årene havde sat sine spor. Det har det jo ved alle. Det var alligevel slående, som mr. Flint'stone fremstod som i sine velmagts dage. Vægten var forøget med en smule ekstra kilo på sidebenene og på hagen. Og den engang så blonde mand, var blevet fortyndet noget i toppen. Jeg forstod pludselig at billeder på hjemmesiden, ikke var opdateret de seneste år.

Nu var han jo også blevet far, og var blevet lykkelig gift med Kenya kvinden. Som også forsøgte sig som selvstændig. Blot indenfor eksport. Hun havde boet i Kina i fire år og arbejdet med *trading*. Så fremme i skoene i forhold til sit ophav.

Og nu skulle han så interviewes. Den store dag var kommet. Mr. *Mindfulness* havde bebudet, at han havde skrevet på en intro til hans *podcast* om de her ti gode vaner eller øvelser. Jeg synes, at jeg havde forbedret mig lidt løseligt. Men de fire sider som jeg havde sendt med spørgsmål, virkede øjensynligt ikke set i et perspektiv om at få mandens tunge på gled! Han havde fortalt sine kone, at han skulle mødes med mig til dette interview, og jeg var blot en sød fyr, som havde lånt min lejlighed ud til ham for tyve år siden.

Det havde jeg selv svedt ud selv. Men jeg var jo sød – engang!

Vi fik en hurtig intro til det tekniske udstyr i blomster-forretningens baglokale, som var skærmet med glasdøre og gardiner, og ellers indrettet med et bord, mikrofoner, holder, og skærme for mikrofonen, optagergear samt en computer. Mr. Flint'stone havde sin Mac med, og jeg tilsvarende. Og en skitsebog i det tilfælde at jeg skulle foretrække en analog *style*.

Lagkagehuset ved siden af supplerede med frisk kaffe og Mr. Flint'stone havde købt chokoladesnegle. Betrukket. Og dem fik han selv hurtigt fortæret. Det er jo træls at høre på nogen, som smasker på en *podcast*!

Men jeg havde lige røget en halv splif, efter ankomst, så min sult lå på et lille sted. Mr. Flint'stone afslog tilbuddet, men virkede fint med endelig at komme i gang. Jeg skrev kun en halv!

Han havde jo skrevet en intro, som han synes, at jeg skulle læse op, men som jeg skulle forsøge at sige med mine egne ord. Det var skrevet på et A4 og fyldte tætskrevet cirka halvdelen af et ark. Helt nøgtern informationer. Det stod sågar en overskrift under temaet *"Arbejdsglæde for Alle – også Arbejdsløse"*! Der stod *"CV"*!!?

Jeg ville have spurgt som Mads og monopolet. Måske vi skulle starte med at præsentere os selv, og hvem som er i studiet? Men et CV?? Mr. Flint'stone er uddannet indenfor købmands verdenen som sin far, som var chef for SuperBrugsen. Men valgte at springe fra for at læse til lærer i stedet, ligesom Sting! Og efter nogle år på diverse folkeskoler løb han tør for arbejdsglæde, og ville arbejde med sig selv i stedet, for at ændre på sin facon. Ligesom Sting! Mr. Flint'stone har de sidste to årtier arbejdet med ti øvelser for at skabe større arbejdsglæde i større virksomheder. Og den første er det bevidste valg om at vælge at være glad. Hvordan bruger du selv disse øvelser?

Mr. Flint'stone trykkede på stop optagerknappen – igen!! Ja, jeg skrev igen. For jeg forsøgt tre, fire gange at lave en intro. *"Jeg kan ikke svare på sådan et spørgsmål!?"*. På mit første forsøg sagde jeg:

"Hej, velkommen til Arbejdsglæde for Alle – podcast, og jeg har æren af at være her i studiet med en god og kær ven, som jeg har kendt i snart tyve år for at sprede god energi. Ja, du havde jo givet min daværende kæreste noget massage og kys, som var gået rent ind. Jeg skulle simpelthen møde denne energi massør, for han var et dejligt menneske. Og så mødt jeg dig, og det var du. Og nu er jeg her for at høre lidt mere om de her ti gode vaner, og jeg kan måske supplere med et par stykker ekstra selv, æh...!".

Jeg havde briefet mr Flint'stone om mine undersøgelser på glæde på vejen hen til studiet.

Men mine lidt, æh, fylde ord skulle minimeres. Helt. Han havde ret!

Det er æh, træls at, æh høre på når det er live og, æh professionelt!

Det skal fange de første tre minutter, sagde han. Så hellere have en lydløs pause begrundede han. Jeg var, æh enige!!

Jeg overtalte ham til at lave sin egen intro, eftersom at det var hans første *podcast* på hans egen hjemmeside, og jeg blot var "praktikanten". Han havde jo selv lige været i selvsamme studie, men det var en kvinde, som havde inviteret ham til at fortælle lidt om hans "iværksætteri". Det blev en flydende samtale om det at starte selv fra ide til handling. Mr. Flint'stone fik kun fem spørgsmål i løbet af de 30 minutter.

Så mr. Flint'stone startede sin egen intro, og præsenterede sig selv ved navn, og profession og snakkede lidt om passionen og temaet *Arbejdsglæde for Alle.* Og så præsenterede han mig som praktikanten, som var lidt nysgerrige på de her vaner.

Jeg sagde: *"Hej, og tak for invitationen. Og ja jeg kommer jo fra smilets by, og er jo lidt spændt på at høre om de her øvelser eller vaner for at blive mere glad. Og dem glæder jeg mig til at høre lidt nærmere om....: ? ".*

Mr. Flint'stone trykkede atter på stop. Han kunne ikke tage over! *JEG VENTER PÅ AT DU LIGESOM STILLER MIG ET SPØRGSMÅL SOM KAN ÅBNE MIG LIDT OP!!* Ups sorry. Han ramte sørme *capslock'en!*

Da stopknappen var trykket, beklagede Mr.Flint'stone sig over, at det bare ikke kørte. Jeg forsøgte at udrede at alt det udstyr, og *set up* måske kunne minde lidt om Ghita Nørby interviewet i Radio24/7. Det havde han ikke hørt!? Det endte med, at han ville til at høre hendes interview midt i vores studietiden. Han lyttede intenst! Jeg forsøgte, da han begyndte at tale igen at tænde for mikrofonerne, så vi i det mindst havde lidt optagelser, som vi kunne lege med. Men de blev løbende slettet, som de blev optaget!

Mr. Flint'stone slukkede, og jeg tændte for knappen.

Vi smed både høretelefoner, og mikrofoner blev skubbet lidt væk, og samtalen kørte flydende imellem optagelser. Men kun om hvorledes, og hvor meget som det var kørt af sporet i stedet!?

Det mindede lidt om en eks frues ageren! *Du afbrød mig. Jeg vil gerne snakke om, at du lige afbrød mig, de næste tyve minutter!*

Jeg plejer at snakke til, at jeg bliver afbrudt. Men her gav jeg plads!

 Og han sad helt som Ghita Nørby, og sagde, at det var lige meget.

Det ville ikke komme til at lyde professionelt. For mine spørgsmål var ikke professionelle nok til at være en salgs kanal.

Jeg så lige Burger Kings nye plakater her i København. Med en burger som er gået i forrådnelse efter 35 dage. Spis. Velbekomme!

Det uperfekte! Og selvom at jeg for en kort stund overtalte ham til at stoppe med at trykke på stopknappen, og at vi altid kunne editere lyd ud, som ikke var interessant. Det ændrede sig hver gang, at jeg havde trykket på optageknappen! Hans blik stivnede.

Hvad vil du gerne spørges om som det første, spurgte jeg mr. Flint'stone, da jeg kunne se, at energien faktisk var *fesen* ud?

Det står under dit CV. Arbejdsglæde... Hvordan gør man lige det på en arbejdsplads? Hvad gør du selv?

Men han sagde ingenting, da jeg spurgte. Han trykkede blot på stop knappen. Arbejdsglæden var *"FORSVUNDET"* ud i luften!!

Nu havde jeg rejst 250 kilometer med bus siden kl. 6 om morgenen. Og han kunne ikke hives op til samtale 30 minutter fra hans hjemstavn. *Jeg kunne havde været til mit barns første forældre samtale her kl. 12.30 i dag i stedet,* sagde jeg ublu i frustration, da mr. Flint'stone havde trukket for bremsen for femtende gang.

Jeg kunne da også have lavet noget andet, var hans hurtige svar. Men det var altså ikke mig, som hang i energien. *Hvor mange spørgsmål skal der til for at åbne dig op? Du bestemmer selv, hvad som du vil snakke om??*

Vi stoppede *podcasten*. Det nyttede ikke noget. "Ghita" kunne ikke forsætte. Vi pakkede vores ting og endte tilbage i kagehuset.

Jeg var ikke sulten. Han trippede.

Vi tog en kort køretur rundt på Christianshavn, og gik lidt rundt ved nyhavn. Vi indtog lidt mad på en cafe, efter at have gået "forbi" NOMA. *Kender du historien om de to grønlændere, som gik "forbi" et værtshus,* spurgte jeg ham??

Og mr. Flint'stone havde opbygget noget appetit efter "interviewet". *Spaghetti Carbonara* med ekstra parmesan ved siden af. Jeg bestilte en *Californian wrap* med *pommes*. Jeg spiste kun det halve. Resten kom i hundeposen til turen hjem til Aarhus! Mine egne private lydoptagelser fra min optager på bordet, var han lidt overrasket over, da han opdaget, at den var tændt. Den havde været tændt næsten fra start. Jeg indvilligede i at slette den. Men nu har du også hørt referatet. Så ved du måske også hvorfor.

Energien var der bare tilsyneladende ikke til en *podcast.*

Da jeg først havde pillet høretelefonerne af, ænsede jeg faktisk ikke noget optageudstyr. Jeg snakkede bare, som jeg plejer. Mr. Flint'stone lyttede intenst. Han noterede på sin telefon mine oplysninger om det at give en gave hver dag i en periode, også vil gøre en selv glad! *"Nå ja, man kunne give en kollega en anerkendelse i 30 dage, og det behøver ikke at være den samme – God idé! ".* Ja, den er svær at huske. Skriv det endelig ned!

Men det er måske svært at anerkende hinanden for **at gøre sit** bedste? *Det var ikke godt nok. Det kan du gøre bedre! Start med dig selv.* Hvad kan du gøre bedre? *Var det kun dit andet bedste??*

Feedforward kalder jeg det, fortalte jeg mr. Flint'stone. *I stedet for feedback med hvorledes det hele lige er gået!* Jeg var der selv!

Nej, hvordan kan vi gøre det bedre?? Nu var øvelsen at få din tunge på gled, indenfor et relativt udpenslet område. Men hvor mange spørgsmål kræves det reelt at åbne et andet menneske op?

Jeg plejer bare at spørge: *Fortæl os først hvad som du hedder? Og hvad brænder som du for?* Og så vi vel i gang? Nogle gange kan jeg også finde på at spørge langt inde i samtalen: *Hvad er det første, som du kan huske, som har printet sig fast på lystavlen? I livet? Aller tidligste erindring? Et glædeligt minde? En stemning? En person? En aktion? Eller måske noget traumatiserende? Blevet væk? Gået væk?*

En rotte i barnevognen måske? En slange i haven? Hvad satte gang i hukommelsen hos dig, og den du er? Og hvor gammel var du?

Jeg spurgte også mr. Flint'stone. Han kunne huske, da han havde tænkt længe, billedet af et hus set udefra – sikkert i børnehøjde – Ingen personer. Ingen situation var hændt. Blot det hus set udefra.

Og måske var han seks år!?

Jeg kan godt blive lidt forbløffet nogle gange, og hvor lidt folk kan huske tilbage. Men vi husker alle forskelligt, og husker indtryk forskelligt! Nogle husker lærerinden som skrap, andre synes, at hendes kavalergang var fræk! Nej, det var ikke frækt nok!

Samtalen var kørt af sporet ret tidligt i *podcasten,* da han efter sin fine intro om sig selv og sin mini CV frase sagde: *Og her med mig i studiet har jeg min praktikant: Hej Living.* Jeg er i praktik hos mr. Flint'stone, ingen løgn der. Men tyve års bekendtskab om latter og selvudvikling røg fløjtende i det øjeblik, at han sagde det højt! Såvel da jeg startede med at sige, min forbindelse til mr. Flint'stone var igennem en eks kæreste. Måske et *no go* på en professionel *podcast*?? Sandheden? Åbenbart? Selvfølgelig havde jeg nær sagt! Han trykkede jo på stop! Jeg stoppede selv med at tælle, hvor mange gange at han stoppede på knappen. Han sad for tæt på den stop knap, hvis du spørger mig.

Jeg er med på, at vi måske skal lave 30 optagelser, som du selv forskriver, men det bliver da uanset til 30 optagelser for rullende kamera!? Vi sletter da ikke alle optagelser med det samme, at de blev kasseret?! Så havde vi jo ikke hørt Ghita Nørby i fuld flora! Fuldt nærvær?? Nuets kraft? *Er du her?? Er du med? Kan du følge mig? Så hold op med at følg mig! Eller at jeg får dig arresteret og et tilhold på hundrede meter!! Ikke tættere på.* Tak!

Nej, energien sprang som ballon!

Jeg sagde: *"Hej",* og takkede for invitationen og jeg var lidt spændt på at få nogle bedre vaner, så derfor var jeg glad for at være med..? Men jeg havde intet at spørge skolelæren om, som var sprunget fra sit erhverv for at blive foredragsholder om *mindfulness,* og han havde intet at sige?? Han tog ligesom ikke ordet. Hvilket jeg faktisk også havde frygtet. Det havde jeg jo kunne høre lidt undervejs.

Usikkerheden! Et nyt foredrag om et nyt emne ville kræve års forberedelse at komme frem til. *"Latteren"* blev først til *"at leve i nuet"*, og *"arbejdsglæde for alle"* over to årtier.

Og nu pludselig også for de arbejdsløse indenfor en måned!?

For nu sad han jo overfor sin gode arbejdsløse iværksætter ven!

Nej, det er fyldt med en masse fordomme. Jeg havde dem jo selv. Jeg kender dem. Jeg er da trods alt akademiker i modsætning.

Men jeg snakkede altså også fint med rengøringskonen, da jeg sad på øverste etage med udsigt ud over byen, og designede byens større kulturhuse og masterplaner.

Men det er ufedt at være arbejdsløs på rigtig mange områder, og jeg ville da ikke ønske det for nogen. Den mentale barre skal ligesom sænkes i forventnings niveau. Til under det halve. Såvel den økonomiske barre. Men det er en sund sparre øvelse.

Du er nu halv så god! Kan du undvære en arm?

Den højre måske? Bruger du den? Til at onanere!? Nå, så er det lige meget! Du må undvære din arm fremover! Brug den venstre. Det åbner kapaciteten i din højre hjernehalvdel. Måske skriver du en bog, laver et musikstykke, hvor du ellers aldrig havde forsøgt!!

Antallet af i statistikkerne fortæller, at der findes omkring 2,5 millioner ansatte arbejdende i Danmark. Ergo - der må findes en del, som heller ikke er på arbejdsmarked?? Af forskellige årsager.

Men man vil anslå, at "vi" er mellem 800.000 til 1 million af de resterende, som ville kunne formå at arbejde – en konstant membran de seneste årtier. *Hvad er gennemsnitslængden for en ledigheden?* Det er et godt spørgsmål. Har man ikke noget job de første par år, så begynder det at lugte af langtids- et eller andet, og kan trække ud. Hvor længe kan man være på offentlig forsørgelse?

For evigt! Men det kan være, at det ender med en flygtningeydelse til sidst! Cirka 3.500 kroner skulle være uheldet være ude! Og du har taget dit eventyr for langt tid væk fra Danmark. Det er dit sikkerheds net kære danskere! *Ser du fjernsyn,* spurgte mr. M? *Nej!*

Det gider jeg ikke! Men det er utroligt, som folk får et chok, hvis man kunne finde på at ryge en joint sammen med dem. Det er som *Sliding Doors* med et udkomme af to helt anderledes fortællinger.

A) Hvor jeg har røget, og de ikke ser jointen. Og

B) Hvor jeg har røget, og de ser jointen!!

Chill Winston! Jeg er den samme uanset. Og det var da i det mindste ikke kokain!! Så derfor er det let at spotte reaktions mønsteret på de andre. Men jeg kunne lige så godt have sprøjtet mig med en kanyle i armen. Det havde set lige så grotesk ud i nogens øjne! Ja, nok i de flestes øjne i virkeligheden, siden Viet Nam krigen! Dem som var "skæve", ville ikke skyde de skævøjede!

"Arbejdsglæde med en kanyle i armen"! Feel Free to Love – som jeg forklarede den arbejdshigende mr. Flint'stone, som fik en opringning kort efter interviewet om et muligt foredrag til et honorar af typisk 25.000 kroner for to timers *on-stage* levering. Afhængig af antallet af publikum. Det hjalp på humøret hos herren.

Der havde ellers lige været lidt stagnation, som det kan gå enkeltmandsvirksomheder. Næste opgave var engang i næste måned. Han svarede ikke på mit forslag, men han betalte frokosten og afsluttede den korte rundtur. Han skulle hjem til den jalousiramte Kenya-kone, som ikke var så begejstret for, at han skulle have nogle kvindelige bekendtskaber! Jo, jeg kender det godt. Eller kendte. Sådan har jeg det ikke i lige uger længere. Befriet for tidspres. Alt kan lade sig gøre – *For rullende kameraer.*

FORVENTNINGEN OM DET BEDSTE VAR STADIG I VENTE

Man plejer at sige, at det tager cirka seks måneder at lære folk op til noget. Men læringskurven er stejl. Man lærer jo hurtigt stoffet.

Det tager cirka tyve timers fordybelse at blive god til noget. Det er blot et spørgsmål om at bruge redskaberne. Hvis du lige er ansat, får du også tid til at klimatisere dig. Men så skal du jo også vise nogle resultater på et givent tidspunkt. Jeg havde tit selv praktikanter, som jeg forsøgte at inspirere.

Det er det, som jeg mener, er vores pligt. *At inspirere andre.*

Nogle gange kunne det være af en uges varighed, andre gange i op til seks måneder. Pigen fra folkeskolen, lærte jeg at tegne *hendes drømmehus* i 3D, med modelleret *teglsten og tagrender* inden ugen var omme. Hun tegnede det selv, og jeg hjalp hende.

Jeg har også forsøgte mig, som underviser.

Jeg har undervist folk fra mandag til fredag. Forløb af både to og tre dage. Hold og enkelt undervisning i selv ganske svært stof, men som jeg har en tendens til at forenkle! Og det er her, at øvelserne kommer i spil. Man skal selv have fingrene i mulden, så at sige.

Do it your self. Try! Start, begynd – Kom i gang!

For en fantastisk underviser, som gennemgår en perlerække af *features* efter hinanden, og når op på mere end ti..?? Så kan folk ikke følge med. *Hvad var det så, at man skulle?? Skulle man trykke på "Compress"?? Eller var det "Copy"?? Skal man trykke to gange?*

Mr. Flint'stone måtte filme instrukserne om gearet, på sin telefon.

Jeg har holdt en to dages undervisning, for en blandet skare af lokalplanlæggere, arkitekter og designere, hvor jeg startede med, de første to til tre timer, at fremstille *features* og *updates* i programmet. *Så kan man gøre således: Tryk Shift, og den kan skaleres, sammensætte, skæres i halve og kvarte, flyttes, importeres og poleres med materialer. Man sætter skygger med refleksioner, dagslys og så videre. Begynd med at tegn jeres projekt, som I har arbejdet på! Begynd. Så skal jeg nok hjælpe jer med redskaberne. Værs'go!*

Hvad skal man?? Har du ikke en øvelse??

Nu skal jeg give dig en øvelse: *Stå på et ben! Har du ikke hørt efter de sidste tre timer? Jeg har lige stået, og forklaret dig alle redskaberne til at komme i gang med den her skabelon – Ti øvelser til: "Glæde plus det løse"! Har du ikke selv en idé?* Er du ikke i gang med noget i forvejen, som du vil forsøge at gøre virkeligt?

Bygge køkkenet om? Huset? En byplan og landskab? En vase? En motorcykle på batteri? En dåseåbner? Hvad som helst som du vil opfinde? Et eller andet! En dagbog? En nat bog? En bevidst bog om bevidste vaner? Hvad som helst?? Dit liv og dine uvaner? Disse ??

Jeg har nogle gange måtte undervise i, hvorledes man udvikler en idé, et koncept, et projekt og en proces med metoder og redskaber. En slags tjekliste, og det var selvom at min opgave i det forløb, blot var at give noget *"software"* undervisning.

Man kan blive overrasket nogle gange, og tålmodighed er er dyd. EN ting er at stå med en viden, et pensum. En anden ting er også at kunne formidle den. Nogle vil se grafer og analyser, fakta, fotos, data, koder. Andre foretrækker informationer i små bider, læst højt! Eller at have læst det selv. Måske endda skrevet det på et stykke papir? Skriv både spørgsmålet og svaret på understående:

Hvad giver mig arbejdsglæde?

Jeg elsker at undervise. Det giver mening for mig, at videregive information, som jeg ved i hjertet - Og igen og igen må gentage mig selv repetitivt. som en uendelige trædemølle blot med nye personer, men samme spørgsmål hver gang:

Hvordan gør man???

Prøv! Har du tændt computeren? Er der strøm på? Er du der, hvor du skal være, før vi kommer til nogle spørgsmål, som jeg kan hjælpe dig med? Det gælder om at høre efter og så prøve selv.

Lyt og lev siger jeg. Lyt efter andre, dig selv, din intuition. Åndelig praksis. Både på jobbet, blandt kollegaer, praktikanter, personale, venner og familie, parforhold på tværs. Det er åndelig praksis, at være sammen med andre og at kunne være sammen med sig selv.

Sit primære formål. At være. Uanset status og køn. Alle er kønne – også dem *med "kanyler i armen"!* Der er noget fascinerende i os alle.

Også i dig fru giraf! Undskyld hr. giraf??

Jeg så mig også engang sur på min historielærers undervisnings metoder. Det tror jeg, de fleste gjorde i klassen. Han fangede ikke ret mange. Og det er jo ærgerligt, hvis faget kan være spændende på en måde. Nogle kan måske kun lære noget nyt på en måde? At stå på et ben og tage sit tøj på, imens at man reciterer: *Jeg er glad, som dengang da jeg første gang fik det største grineflip, og næsten ikke kunne stoppe igen, igen og igen* som et *"mantra"* – måske?

Så får du også bragt noget balance i regnskabet. Det er trods alt bedst at være glad. Det betyder samtidig, at man bliver fri for at bære nag. *Tilgivelse,* som atter blev bragt på banen på caféen i går.

Det var også det eneste ord, som jeg kunne resonere mig frem til på mit første solo *retreat* til Saharas ørken ti dage uden telefon eller digitale redskaber. Kun vand og mad og en blyant. Den skrev flittigt. "Kongen af Danmark"! Det er lidt sværere her. Båden rokker! Men et ord som alle de stille øvelser blev "snævret" ned til var blot: *Tilgivelse.* Tilgiv dig selv, og tilgiv din opførelse.

Tilgiv de andre og deres opførelse og kom videre i systemet. Det skal ikke sættes sig nogle steder. Dårlig energi kan lageres de mærkeligste steder både i kroppen og som vaner.

Du er, hvad du spiser, du bliver, hvad du gør, du gør, hvad du tænker, og du tænker alt for meget i forvejen, så spis i stedet for. Det er der jo nogen, som gør! *Spis min gris. I morgen skal du slagtes!!*

Som Stig Rossen siger: *Børst tænder med venstre hånd.*
Altså kom over i din højre hjernehalvdel lidt.

Det er rigtig. Det er ikke en spejling af den anden hjernehalvdel. Den kan noget andet. Men det tager nogle år at trænge ind. Lige så længe som det tager at mestre noget med sin kejtet hånd. Omkring 5-7 år med brug hver dag – kun den venstre! Eller højre hvis det er den, som du har det sværest med. Det er et spørgsmål om øvelse. Brian Laudrups talent blev fremhævet på den motiverende måde. *For ser du, nu har jeg siddet og regnet lidt på det og skrevet noter. Jeg har set tre forelæsninger om bevidsthed om ugen siden, at jeg var 19. Lad os bare sige, at det er over tyve år med selvudvikling!*

Og sammenlagt giver det cirka...?? Jeg kender også lidt til det!

Hver relation man afskærer i sit liv er åbninger til 8-12 andre relationer, som du kunne have haft! Måske endda flere endnu. Men det tror jeg ikke, at man har ført statisk på, og jeg er ikke religiøs.

Men måske er det et sted imellem 8-75 andre og i nogle tilfælde 200 andre, hvis man sagde nej, til den som er leder i en ungdomslejr! Nej, tilgiv dem omkring dig. Tilgiv og undskyld din *mindfulness* vejleder. Tilgiv din coach.

Han var stresset, eller bare ikke lige der. Tilgive andre for deres fejl – tilgiv dig selv!

Hvad er det første, som du kan huske?

Hvad kan man gøre, som gør en selv glad?

Måske tænke på nogle gode minder. Og at få rigeligt med søvn. Sang er godt for systemet og bevægelse. Dans gør dig glad. Så tænker man mindre. Musik?

Hvad sker der i dit liv?

Hvad laver du? Hvad er dit speciale?

Er du vegetar? Har du fået det bedre ved det? Hvornår?

Er du en af de bedste indenfor dit felt?

Hvordan gør du? Er der en slutning?

Er der nyt under solen?

Hvordan er det med dig? Er du lidt rusten? Hvorfor?

Hvad ellers? Er der noget spændende fra dit liv, som du vil dele?

Hvad kan du gøre anderledes? Kan du…

Ændre på din dine snart indgroet vaner?

Kan du gå fra idé til handling? Hvordan handler du på din idé?

Handler du ud fra, at verdenen er et venligt eller uvenligt univers?

Hvad var første skridt mod at blive mere glad? Udviklings pædagogik – endnu en selvudviklings bog? Eller er den her den første? Hvordan gjorde du? Bruger du ende gyldig mål?

Målrettet med en længere plan? Behøver man at gå all in? Opgive alt for sin drøm? Helgardere i livet?

Tager du det første skridt hurtigt? Skriver du fremskridt ned nu? Fodre underbevidstheden med noter? Er der en øvre grænser for, hvor mange ting som man kan håndtere? Er der plads til forbedringer? Hvordan deler du med andre? Hvornår og hvordan bruger du omverdenen af "ja" og "nej" siger? Er det *"plejer"* eller *"nytænkning"*? Er du kun: *"Ja – siger"* fra nu? På Jim Carrey måden?? Hvad er dit bedste råd til at bringe glæde ind i dit liv?

Ved du det egentlig selv?? Hvor kommer glæden fra?

Og er det ikke et spørgsmål om at bringe mere glæde ind i ledelserne i virksomheder? Og lade det sprede sig som ringe til organisationen? Hvad kan du selv bedste lide at tale om?

Nej. <Dyb tavshed.

Så være tavs lidt, og se hvor det bringer dig hen...??

***

Schhhh... stille med dine tanker! Stille sind. Den niende indsigt!

Se hvor let det går, og hvad som du formår. Fejl bedre næste gang!

Du kan jo godt, når du virkelig vil.

Så hvad er det, som du egentlig vil? Laver du det nu?

Er du hvor, at du skal være?

Eller er der andre steder, som du hellere vil være?

På McDonald's?? Så køb noget cola med til mig! Junky!

Jeg synes da bestemt, at jeg fik fanget en smule arbejdsglæde i dette forløb, nu hvor de fire uger snart er gået.

Og jeg håber, at jeg har kunne smitte dig med lidt arbejdsglæde. Om du stadig er i dit ønske job, eller sidder arbejdsfri på planeten et eller andet sted?? *På Mars??* Så bliv der. Du er udenfor rækkevidde alligevel! Ligesom den her bog og de her nye, gamle, gode vaner på nye flasker, som du skal til at praktisere hver dag og resten af dit liv. At bruge dem og denne bog som et opslagsværk hver gang, at du kommer til at hænge med næbbet! Op med humøret! Nul –løsning! Der er andre, som har det meget dårligere end dig! Tusinder! Deres glas er dog stadig halvt fyldt – med lort!!

De har heller ikke en krone på lommen, eller noget arbejde! Eller et lorte arbejde, som de brænder for! Tarmrenser?! På rotter!!

Jeg anerkender, at jeg har vand som mit element fra det kinesiske horoskop. Vand har en tendens til at finde det laveste punkt. *Vand volder vanskeligheder,* sagde han og kiggede på sine tagrender, som løb over i de massive regnmængder. Jeg kunne alligevel godt have forudsagt at mit møde med den glade arbejdsgiver indenfor *mindfulness,* ville blive ramt på sin forfængelighed overfor sine egne naive forestillinger om at skabe den perfekte podcast!

Jeg skulle alligevel gruble over hvorfor, at jeg skulle se København igen, og Christianshavn, hvor jeg har arbejdet i nogle år?? Det var først, da jeg genså partneren fra Smid, Hammeren & for Lad pladsens sure ansigt, som han kom tøflende på strøget! *Nå, derfor!*

Der er ikke noget, som er så skidt, at det ikke er godt for noget! Perfektionisme er en kniv med to blade. Den er svær at håndtere både for den, der praktiserer den på sig selv, og for den, som lever under en perfektionist. Jeg er vant til at være omgivet af perfektionister. Det gør ikke mig perfekt! Men jeg gør mit forsøg på ikke at *please* dem for meget! Jeg kan godt formå at se det smukke i en uskøn situation. *En ærlig uskøn podcast måske??* Men mr. Flint'stone røg i *"forventningshullet"!*

Vi er nødt til at finde på løsninger hele tiden. Når man beder sig selv eller andre om at være perfekte, sætter man jo sig selv op til at fejle. Fordi livet altid er foranderligt, og hele tiden præsenterer nye muligheder, som det *"perfekte"* ikke passer ind i. Så skulle jeg måske blot ikke have været inviteret? Så godt kendte han mig ikke! *Jeg er den vilde kanin med meget lange øre. Alt hvad du hvisker og siger, kan jeg høre! Er der frygt i den ene og der er krig i den anden?* Gammel Gnags sang.

Jeg bølger ud på din bølgende vandseng – hele formiddagen! Vi kan ikke undgå at lave fejl. Vi må lære at omfavne vores fejl og mangler. Nogle gange er det fejlene, som viser åbningen til en ny måde at gøre det på. En anderledes bog måske?

Jeg skulle lige mindes om, at det ikke var en stor fejl at komme til hovedstaden for at lave den perfekte *podcast* for Mr. *Mindfulness.* Jeg vil forsøge at bevare det optimistiske i mit møde med min tidligere arbejdsgiver, partneren fra min første arbejdsplads som arkitekt, manden, ansvarlig for et stort arkitektfirma. Så kan man stadig godt ligne en sur citron hele sit liv – Det er bare ikke mig!

En sur citron blev sur! Men idéen om det perfekte er en ukendt faktor. Det er ikke snorlige. Det er mere en *breakdance,* end en *linedance.* Der er flere ukendte faktorer end bekendte realiteter. Så du kan lige så godt slippe idéen om at skabe det perfekte til at begynde med. Det bliver sådan her. *"Boom"*-

Som Ghita Nørby ville have sagt! *Nu prøver vi igen. Væk med den der. Jamen, jeg har forberedt mig i en måned på det her interview!!* Perfektionisten skal udfordres hver dag. Prøv at mød uforberedt op en dag på arbejde, eller hvor du skal hen, og se om du overlever! Måske oplever du noget nyt uden forestillingen om kontrol og perfektion?

Accepter at du er et menneske, som fejler, men de skal blot forbedres til næste gang. Man skal ikke være bleg for at indrømme sin fejl, men det er svært i en taberkultur. Ingen vil tage aben, og ingen kan finde løsninger, for ingen indrømmer fejlene. Jeg bekender, at det var en fejl, at mr. Flint'stone så min joint.

Det lignede for meget en kanyle i hans øjne! Det gjorde ham utryg, og han mistede kontrollen og sikkerheden ved sin første *podcast.* Og min ikke mindst.

      Kontrol er tæt forbundet med perfektionisme og frygt.
Det kan være frygteligt, at skulle slippe kontrollen om det perfekte. Man kan opnå kontrol ved at være dømmende. *"Det var din fejl!".* Det værste i verdenen må være at være dommer, som en langtidsrejsende havde erfaret på sin færden. *Du dømmes til ti slag med en pisk og udvisning for seks år! Og nu skal du stå på hovedet og få hjertet på plads og over hjernen.* Jeg har aldrig taget kritik personligt! *I'm uge perfect!! Ja, men du har stadig skrevet en lorte bog! Nå! Hvorfor købte du den så?? Bliv nu glad for fanden! Ordre!*

Lidt kontrol er godt. Total kontrol er en illusion, og en umulig kamp. Det måtte mr. Flint'stone sande. Han løb så at sige tør for energi i perfektion. Virkeligheden levede ikke op til hans forestillinger om debuten på noget nyt. *En ny åbning til en anderledes podcast? Under huden? Grib altid øjeblikket med glæde?* Tillad dig selv at have et useriøst øjeblik hver dag, og hvor at du ikke tager dig selv så seriøst. Giv slip på de store spørgsmål!

Jeg har fuld tillid til, at ordene skriver sig selv. Og jeg har tillid til, at ingen kontrollerer mig, såvel at jeg ikke kontrollere nogen selv.

Når du lærer dit sind at blive mere bevidst og slappe af, åbnes nye døre ind til dig. Du bliver mere rummelig, afslappet og energisk på samme tid. Lær at slappe af og skær de dårlige tanker væk.

Giv plads til glæden. *Den uperfekte podcast? Jeg kan ikke fixe den, men jeg kan gøre bogen god? En tankefri bog fyldt med spørgsmål?!*

Hvis du kun kigger efter alle fejlene, rettelserne, og forbedringer ved dig selv, ryger balancen. Ros dig selv i samme grad, så du bringer bægeret på halvt fyldt. En god begyndelse er halv færdigt! Vær tilfreds med dig selv, og hvad som du nu formår i det daglige. Tålmodighed er en dyd, og forståelse kræver, at man forstår bagsiderne af en medalje. Den bevidste adfærd. Det handler jo om, hvilken ulv som du fodrer. Er det frygtens ulv, eller glædens ulv som får lov til at gnave i dit ben? *En frygteløs bog om glæde?!!*
Feel   Free   to   Love

En fyr kommer hjem fra lægen, og siger til konen: *Jeg har nogle forfærdelig nyheder. Lægen sagde, at jeg har under tolv timer tilbage at leve. Det var da skrækkeligt, svarer konen. Hvad har du så lyst til at lave i dine sidste timer? Jeg har lyst til at dyrke noget passioneret sex med dig, hele natten lang! Ja, det kan du sagtens sige! Du skal heller ikke op i morgen, men jeg skal altså på arbejde!!*

Also this shall pass... kan du jo sige, når du er trist, men gør det også, når du er glad. Blomster, som er plukket er forgængelig, ligesom problemer og bekymringer. Blomster skal have regn, ikke torden. *"Lorte praktikant!". "Lorte bog om et lorte emne??"*

Men at tage et honorar på 25.000 kroner for et par timers foredrag foran ca. 100 mennesker, kræver lidt forberedelse. Det gør en *podcast* også. Men det kunne han.............................. ikke!

Det handler jo om forventninger, og derfor var det lidt slående! En opgave tikkede heldigvis lige ind på hans telefon i form af et opkald. Han havde lige sagt, at han håbede at Kenya konen, og nu med barn, snart kunne blive selvforsørgende, for det kunne ikke blive ved med at gå således kun med hans økonomiske støtte. Han havde en ellers tom kalender. Det har jeg oplevet før i mine perioder som *"praktikanten"....!* Hans humør lettede også, da han rundhåndet gav frokost. *Mr. Speaker speak??*

Alle bøger er selvhjælps bøger! Det er rigtigt! Selv *"Kvinden i buret"!*

Britta kaldte det *"Hjælp til selv hjælp".* Hjælp dig selv??

Hjælp til flaske_automaten._Hjælp til flaske_automaten.

Jeg er taknemmelig for at jeg kom hjem i live fra mine rejser i ulandene. Og uden at medbringe farlige parasitter som efterfølgende æder ens øjne!! Nej – Du må finde de vise sten selv makker. Det her er blot fif og gode råd. *Jeg har set pollental, som ser bedre ud end dig. Skider du normalt?* Ja, én gang om ugen??

Nu har jeg levet med *"The Secrets principper",* siden den spæde start, og jeg benytter mig af dens principper og: *"Loven om tiltrækning".* Jeg får faktisk parkeringspladsen tættest på næsten hver gang. Jeg venter blot endnu på at blive *ligestillet* på alle fronter af min *"nye succes".* Men jeg satte mig for at undersøge glæde, uanset om man har et arbejde, er i arbejde eller ej.

Først og fremmest for at gøre mig selv noget mere glad, men også for at få dig med på toppen. Det er jo sjovest at være glad. Jeg er glad, når jeg sætter et punktum i denne bog. Men det er også snart. For jeg har kun givet mig selv 30 dage. Ligeså længe som praktikken hos mr. *Mindfulness* varer. Den udløber snart. Men den her skal jo også lige oversættes til flere sprog. Og laves til en lydbog, og en film. Det er jo et manuskript. Det er du med på? *Skalere op? Sprede ud! Her! Værsgo! Nu på hebraisk! Med svenske undertekster!*

Sæt kolorit på tilværelsen. Et børneværelse er i farve. Husk det! Det skal det voksne værelse også være. Farver gør dig glad. Og husk på: *At der er ikke noget, som er så skidt, at det ikke er godt for noget.* At have troen på, at man nok skal fejle!!

Ring til en ekskæreste, og spørg om hun/han/hen er blevet mere lykkelig, og er kommet sig efter, at I stoppede forholdet? Fejl!! Spørger du dine venner, kollegaer om råd, vil det altid være farvet af deres perspektiv. Set igennem et filter af indstillinger om deres oplevelser og fordomme.

BLIVER MAN GLAD, HVIS MAN KENDER SIT FORMÅL?

- Ext PÅ EN BÅD I STILLEHAVET Dag

DR.LIVING'STONE:

Jeg har tit spurgt til folks arbejdsglæde, måske fordi jeg ikke selv er ansat nogle steder længere?? Men cirka 80 % indrømmer, at de har mistet gejsten til at arbejde, eller at de ikke ved hvilket formål, som de har! Jeg har studeret i mange år, men de fleste af dem, som jeg kendte, var det cirka det samme – 80% var utilfredse. Men de fleste af de 20%, som var gladere, vidste noget om deres livs formål. De vidste fem ting.

Hvem de var?

Hvad de gjorde?

Hvem de gjorde det for?

Hvad de mennesker ville have, eller havde brug for? Og

Hvad de mennesker fik ud af det, som et resultat?

Det er ret simpelt. Man kan lære sit formål på ganske kort tid. Vil du kende dit livs formål de næste "sex" minutter?

Det tager ikke engang "seks" minutter. Men der findes et utal af materiale på at finde sit formål. Faktisk har Amazon 1,990,140 bøger, som beskriver hvorledes, at du lærer dit livs formål!

Jeg kender nogle, som har forsøgt at finde deres livs formål. Og vi kan alle være enige om, at et eksamineret liv ikke er værd at leve! Men hvis alt hvad man laver er: *At eksaminere??* Så lever man vel heller ikke?? Så lad os finde livets formål sammen. Skal vi prøve?

Hvem er du? *"Super!"* råber du??

Hvad gør du? Hvad elsker du?

Skrive kokkerere, designe, skrive kode, knuse tal, tale, undervise?

Hvad elsker du at lave?

Fokuser det ned til kun at spørge ét spørgsmål: *Hvad er den eneste ting, som du føler dig kvalificeret til at lære andre mennesker?*

Tænk over det i "sex" sekunder. Hold det. **Hvad laver du?**

Overrasker??

Okay – tænk på: **Hvem du gør det for?** Hav det i hovedet!

Hvad vil de mennesker have?
Eller hvad har de brug for, hvis du kunne give dem det?

Og den bedste. **Hvad fik de ud af det, som et resultat?** Hvad ændrede dem, eller det som et resultat af hvad som du gav dem?

Så kommer vi det sammen i en sætning højt sammen: *Hvem er du? Hvad laver du? Hvem gør du det for? Hvad vil de have, eller har brug for? Og hvad sker der som et resultat?* Fantastisk. Nu har vi lige gjort noget, som de fleste ikke kunne løse 25 år selv på en dyr skole! Giv dig selv en hånd!

Hvorfor er den sætning så kraftfuld? Fordi du skal vide disse fem ting for, at kende dit formål. Kun to af tingene er omkring dig selv. Resten er om andre. *Hvem de er? Hvad de har brug for? Og hvordan de ændrede sig, som et resultat af det?* Du har sikkert intuitivt tænkt det: *Men de mest succesfulde mennesker på et hvilken som helst område, fokuser altid på hvem de tjener, end hvordan de bliver tjent selv.* Gladere mennesker, som vil gøre noget for at andre, bliver gladere, og vil sørge for dem og deres velbefindende. Hvis du gør andre glade, viser livet, at du også selv bliver glad.

Noget af det sværeste er, når nogle spørger spørgsmålet:

Hvad laver du? Det kan være svært at svare, hvis du ikke er i "øjeblikket", eller det ikke er defineret. Det kan også være at:

Hvad som du umiddelbart laver, lader måske ikke til at være det, som du laver? Eller det som du er betalt til at gøre, er ikke det, som du så gør?? Det er hvordan, som du definer dig selv.

Så når folk spørger dig, hvad som du laver? Kan du måske tænke:

Blev jeg lige spurgt fordi, vedkommende vil bruge tid på mig eller spørger han fordi, det som han laver, er så meget bedre end det, som jeg laver eller??

Når nogen spørger det spørgsmål, skal du blot gør således:

Du svarer blot på det sidste af de fem ting, som du kaldte ud.

Men det som du gjorde var at ændre til: Hvem, som du gjorde det for. Som for eksempel. Du kunne svare:

Jeg giver børn fantastiske drømme.

Jeg skriver bøger til børn, så de kan falde i søvn om natten, og få nogle dejlige fantastisk drømme. Jeg spreder glæde hos mennesker!

Du kan måske svare: *At jeg vil have, at folk skal føle sig komfortabelt med deres udsende, fordi jeg designer tøj til lidt priser, som er til at betale, så lidt større mennesker kan have råd til og se godt ud!* Eller du kunne svare:

Jeg hjælper folk med at skabe det bedste for verdenen! Hvis du hjælper entreprenør til at træffe deres bedste beslutninger, så deres indsats kan være til hjælp for verdenen. Og så vil den lille ændring være din personlige elevatortale. Den vil altid starte en samtale. Fordi den person som du taler med, er nødt til at stille dig et spørgsmål:

Hvordan giver du børn store drømme??

Eller: *Hvordan kan du få folk til at føle og gøre deres bedste??*

Og så kan du dele dit livs formål med dem. Og du kan lære dem, med hvordan de deler deres også. Formålet med min praktik var at undersøge glæde!

Jeg bringer forhåbentlig andre glæde med den bog!

Hvordan har du det nu? Går det bedre?

HVILKEN PLANET ER DU PÅ? ER DEN GLAD & RUND?

- Ext PÅ EN BÅD I STILLEHAVET Dag

DR.LIVING'STONE:

Nogle føle sig bundet på deres tro, om at de sidder fast i deres situation. Som en elefant der ikke tror, at den kan bryde det tynde reb, som er bundet til benet. Fordi det har siddet fast siden barns ben. Det er en indstilling om, at man ikke kan bryde facaden eller komme ud over rampen. At bestemme sin egen skæbne selv. Jeg kalder det at blive voksen. Men man kan blive et barn af systemet.

Vi skal tale om "dig"! Jeg har *"studeret"* mennesker. Jeg har været tilstede ved fødsler og ved døds tilfælde. Medicinsk træning er ret anvendeligt. At se på tingene tæt på og langt fra. Før og efter.

Igennem al den tid er der en ting, som har undret mig:

Hvad vil jeg lære min unge, hvis det kun skulle være én ting, som jeg skulle videre give til hende? Men det handler jo om dig.

Når et barn ser sig selv i spejlet for første gang, og får en fysisk tilstedeværelse; den *"egoistiske toårig"*, som bare vil have. De er bevidste om, at de er fysisk separeret fra en, og vi ikke har samme sindstilstand. Men fra 3 – til 6 begynder de at have en identitet og en ide om den. Og de begynder at sætte mærkater på deres univers. Og fra 6-9 lærer de nye ord hver dag, og der sker en masse. Men det er først i fjerde klasse, at de starter med at lære reglerne for koncepterne. Hvorfor er en hund en hund? Og en kat er en kat? Hvad er en mor, og hvad er en far? Hvad er reglen? Og det er imellem 6 og 9 år, at det er lidt sjovere at snakke med dem. *Hør hunden, den miaver!! Nej!! Hunde gør!! De siger ikke miav!!* Og det er jo sjov, fordi man spiller imod reglerne.

Men det sjove er, at det er her, som de fleste bliver!! Så de fleste som du møder i dit liv, om de er 20-30—40, er på indersiden ni år gamle! Det er meget almindeligt. Og som teenager vil man gerne udover reglerne, og det er derfor, at der kan opstå teenage-konflikter. Og forældre prøver at undertrykke, det som det er:

En dårlig ting. Det er en mental overgange. Man skal ikke undertrykke den slags. De tester reglerne. Det er kampene.

Du vil have, at jeg skal komme hjem kl. 22 men jeg vil først hjem kl.23!! Du siger, at jeg skal være ærlig, og du er ikke selv ærlig!! Og så videre i de turbulente år. Og uanset hvem som vinder kampene, om det er mor, eller far eller barnet, så bobler det af sted i nogle år. På et tidspunkt, uanset hvem som vinder, så flytter de hjemmefra – forhåbentlig.

Men så der på et tidspunkt samfundet og dens regler. Så kommer "cementen" og alle dens regler. *Du skal have en karakter. Du skal have et job. Du skal være i et forhold. Du skal have en bil. Vi skal have et hus!* Vi skal have alle disse ting for at være gode samfunds borgere. Så vi begynder at følge disse "regler". Og vi får et arbejde, og kravler op af rangstien – de fleste. Og følger reglerne. Og mange af dem som du møder, er lagt i den cement. De ligger i det *"stereotypiske".* De kan påstå, at de gør det modsatte i deres virksomhed - Der bestemmer de ansatte måske?? Men det er et sæt regler, som folk følger. Og sådan går det resten af livet.

Man aner ikke engang, at man følger disse regler. Det er regler, som ikke er givet med din vilje. De er blot blevet pålagt sidenhen.

Enten af forældre eller af samfundet. Vi ved det ikke engang. Hvis vi er heldige, har vi en krise. Et eller andet, som får os til at stille spørgsmål ved reglerne. Det kan være et dødsfælde af en pårørende, et forhold, sit arbejde, at der sker en ændring – Ofte midt i livet. Og man indtræder en fase, som man vil kalde en *"Sygdom af mening".* Det går op for en, at der er noget galt med billedet i ens liv. Hvor du følger alle disse regler, og det har bare ikke skabt resultater. Hvor man har været en god borger, og man har købt et hus, og betaler skat: *Og jeg burde være tilfreds og glad for evigt. Og det er jeg ikke!* Og det er en: *"Sygdom af mening".* Og det er seriøs smerte. Det kan bogstaveligt være helvede på jord.

Folk, som indtræder dette stadie, kan blive negative. For de er basalt i smerte. Der er to strategier til sådan et forløb. Det først er elsket af de unge: *"Anæstesi".* For kan man blokere meningen med livet, det eksistentielle spørgsmål, hvis man er "skæv" en fredag aften! Eller en onsdag formiddag??

Hvad er meningen med alt dette??

Nogle gør det hver weekend, andre hver aften. At blive "skæv"!

Verdenen bliver bare et bedre sted at være i, når man er påvirket!

Igennem alkohol og stoffer. Men problemet ved det er, når tømrermændene har lagt så, så returnerer spørgsmålet. Det er der stadigvæk. Du har ikke svaret det, og det hjælper ikke. Så hvis man er smart, ved man, at anæstesi hjælper ikke en.

Så kommer man til den anden strategi. Som er "afledning". Der er mange typer af afledninger. De kunne være, at man blev mere sportslig, ved at pumpe jern. Så når man træner, behøves man ikke at konfronteres med spørgsmålet. Så bliver man den kropslige smukke! Men så er man fastnaglet til et fitnesscenter hele tiden, for at giv et spark til sine endorfiner. Men problemet er der stadig, når du ikke er i fitnesscenteret længere. Spørgsmålet hænger der stadig! Så fitnesscenteret virker heller ikke.

Så kan man måske vælge en almindelig strategi – Sex! For alt imens, at man er engageret i seksuelle sammenkomster, så har man ikke tid til at bekymre sig, for der er man jo beskæftiget! Men du har måske lagt mærke til det, at når akten er overstået, så kommer det forpulede spørgsmål tilbage!! Nogle bliver mere *outre. Jeg vil have sex med tre mennesker! En hel flok!* Desperat forsøger man at komme væk fra det spørgsmål, som nager! Meningen med livet! Så sex virker heller ikke, og det gør det ikke i det lange løb. Så er der alt det materielle. Sko. *Jeg må have, sko, eller et hus!* Eller at man bliver afhængig af sit arbejde.

Jeg er nødt til at skrive den her meget vigtig bog færdig, i stedet for at være sammen med min unge i det andet værelse!

Men så behøves jeg ikke at tænke på spørgsmålet! Men ingen af tingene løser det problem. Fordi vi fejlagtig tror, at problemet eksisterer derude. Men hvor det virkelig problem kommer indefra. Man kan ikke løse ens følelse af ensomhed, eller rastløshed med en ekstern foreteelse udenfor en selv. Stop med at kigge ud, i stedet for at kigge ind! Og man skal især stoppe med at kigge på sin egen følelsesmæssig oplevelse.

De fleste går i gennem livet uden at forbindelse med deres følelser.

Følelser er blot energi i bevægelse.

Og de er opstået af biologiske signaler. Signaler som kan være alt for et bankende hjerte, svedig håndflader, muskler som kramper. Hvad der end foregår biologisk, er typiske energisignaler i et mønster. De er følelser. Vi har alle følelser hvert eneste sekund, af hver eneste dag. Følelser er noget helt andet end hjernen. Energien er der altid, men det er ikke altid, at vi føler den.

Og det er der, at vi er sat fast. Vi har ikke lært at forstå vores eget følelsesmæssige liv. Vi går i gennem hele livet, at føle at vores tilstand, time for time, er afhængig af en anden*!!*

Du irriteret mig. Du har gjort mig ulykkelig!

Eller jobkonsulenten har gjort mig ulykkelig!!

Og vi peger fingre af andre mennesker i den tro at andre mennesker er skyld i vores egen ulykkelighed! Så nyhed:

Ingen gør det ved dig!! Ingen får dig til at føle disse ting!

Det er ikke præ-mediteret, som jeg plejer at sige! Oversat: *Overlagt!*

Hvad ville du tro, at der skete, hvis du blev frustreret på en anden? *Tror du, at de kommer for at frustrere dig med bevidste intentioner?? Sender de alle på de frekvenser, de lydbølger med frustrationer??* Nej! Det skabte du selv indefra deres dårlige svar på en ellers dårlig opførelse.

Hvis du kan acceptere, at du selv skaber det og ikke andre. Den simple sandhed tager dig fra, hvad man vil kalde *"offerrollen",* og den krydser tærsklen til ejerskab. Det er den meste afgørende overgang, som du vil skabe i dit liv. For at hjælpe dig til at kunne navigere i det, skal du først og fremmeste vurdere:

Hvor er jeg i universet med mine følelser?

Hvis jeg skulle give dig "sex" minutter med dig selv, og du skulle skrive en liste med følelser, så ville du og gennemsnittet skrive 10 eller 12 slags følelser. Der finder 64.000 følelser, som du kan opleve! De fleste går igennem livet med ti eller tolv! Og for at du kan navigere, kunne man sige, at de følelser, som ligger i toppen af et følelses kort, har mere energi, end dem som ligger i bunden.

Og dem til venstre er mere positive end dem til højre, som er mere negative. Og du er et eller andet sted på den her skala i universet, imens at du læser denne bog. Og man kan plotte en hel liste med disse 64.000 følelser, som ligger plottet ud som små galakser på det her kort. Så kan man faktisk "kortlægge", hvor man er i relation til andre følelser. For hvis man ikke ved, hvor man er, kan man være lidt *"lost"!* Men man får aldrig kontrol over sit eget stadie. - Og det virkelig vigtige for dit velbefindende, dit helbred; om du er sports atlet, eller forretnings leder, at du kan begynde at kontrollere din egen personlige følelsesmæssig tilstand om:

Hvordan du har det??

Hvis du ikke ved hvor på skalaen, som du er, hvorledes skulle du ellers kontrollere noget som helst af dine følelser?? Og svaret er, at det kan man ikke! Men du kan starte med at finde ud af hvilken planet, som du tilhører? Og det er for at hjælpe dig. Du kan besøge andre planeter, eksempelvis planeten "Populær"!

Hvor populær følte du dig, da du ikke vandt? Ved du selv, hvilken planet som du er på? Det er for, at du kan navigere lidt, så du kan flytte dig indenfor "universet af følelser". Det er første øvelse. Potentialet i at kunne navigere i spektrummet af et følelses repertoire. Nogle hænger i ti til tolv følelser. Og nogle ville måske argumentere for, at vi kun har to følelser. Glad og trist! Man er nødt til at opbygge et repertoire og at sammenligne sin "lidelse"!

Det som man vil opdage, når man opbygger et repertoire af følelser er: *At det begynder at virke som et antistof imod den følelse!*

Når du begynder at navigere rundt på de forskellige planeter af følelser, og kommer til en god planet eller en mere konstruktiv planet, kan du så blive der? Og det kræver, at du bruger en anden manøvre. Man tager den følelse, som er påført dig unden din egen egentlige viden. Men den er der blevet påført, som for eksempel: *Hvis du bliver ramt af vrede?? Hvis vrede er i dit system, og du er på den vrede planet..??* Så er du ikke på den planet. Planeten har opslugt dig! Så måden hvor på, at man kan tage afstand fra det, er ved at objektivisere det. Det er vrede, som en objektiv oplevelse. Og hvis det kan objektiviseres, kan man håndtere det.

Så kan man flytte sig til det positive univers og blive der. Man behøves ikke at føle noget, som man ikke ønsker at føle. *Elendighed er en mulighed??* Men du behøves ikke at føle elendighed! *Men hvis du ikke har kontrol, og hvem har??* Og hvis svaret er: *At det er en udenfor dig??*

Jeg vil gerne opfordre dig! *Hvis du virkelig vil forandre dit liv for evigt med ultimative følelser, som vil beskytte dit helbred, din forestilling, dit velbefindende, din fornemmelse for at have det godt??* Det vil afgøre om din effektivitet ved at træffe gode beslutninger. Der er mange følelser, som trækker på det, såsom din motivation o.l.. *Og hvis du ikke gør noget ved det, eller ikke har kontrol over det??* Det er bogstaveligt lidt som lotteriet med livet.

Når du er færdig med at læse denne bog, så spørg dig selv dette ene spørgsmål: *Hvilken planet er jeg på??*

Og hvilken planet kunne jeg godt tænke mig at bo på?

Hvert fald ikke den samme planet som dig!!

Og start med at være på den planet, som du gerne vil være på! I stedet for at være på den planet, som livet har skubbet dig hen! Forestil dig en verden, hvor alle kunne bo på den planet, som vi gerne ville bo på! Eller forestil dig at bo i den galakse, hvor alle er glade! Forestil dig en verden, hvor du havde et mod til at gøre det, som du har lyst til! Forestil dig en verden, hvor du ikke behøves at føle angst fordi, du skulle til en eksamen! Eller et job interview? Eller at du ikke behøves at føle dig skræmt ved at indtage en scene?? Forestil dig en verden, hvor dine børn efter at være blevet moppet, ikke følte at de blev moppet eller skræmt! Hvis du kan kontrollere dine følelser, kan du ændre dit liv komplet. Så begynd at spekuler på hvilken planet er du på? Og begynd med at placere dig der i universet, et sted som du godt vil *"bo i livet"*!

Eller leder du kun efter svar, som du selv vil have?

ET FYSISK OG PSYKISK RUM - BUCKETLISTEN
- Ext PÅ EN BÅD I STILLEHAVET Dag

DR.LIVING'STONE:

VI HAR ALLE BRUG FOR AT VÅGNE. Ved nogen sker det naturligt over tid. Måske først efter mange år?? Og for nogen skal der ske noget drastisk først, som at tage et forkert skridt ved kanten?? *Eller at få 1000 volt igennem sig!!? Hvis man skulle få lyst til at kravle imellem højspændings-master!? Det kunne måske syntes som en god idé i det givne tidspunkt, for nogle??* På et split sekund kan et menneskes udgangspunkt blive et helt andet, skulle strømmen gå igennem kroppen. *Virker lemmerne mon stadig? Skal du nu til at være en patient?? At være patient –* Tålmodig?? *Skal jeg nu til at være tålmodig lige nu, hvor jeg er allermest stresset i forvejen??*

Sundhed er designet til sygdom, og ikke til mennesker, som sit centrale fokus. Det er et dårlig design, så at sige! Og på ingen måde er der brug for andet end et godt og tillokkende design, når livet rinder ud. Mit formål er at række ud, og få forskellige grupper til at kunne samarbejde om denne tænkning. Og for at få dig til at forstå: *Det er at bringe kreativitet og viden omkring området: At dø - Før man dør!*

Det er jo en universel grund til at *re-designe og re-tænke*, hvorledes at vi dør. Så lad os begynde med slutningen. For de fleste er det at være død ikke det mest skræmmende. Det er: *Hvordan vi dør? Om det er med smerte??* Og det er en afgørende forskel. Det er en del af aftalen, at vi vokser, og justerer ind. Det kan være en god idé at tænke på større kræfter end os selv, til at skabe personlighed som en kosmisk korrekthed. Ikke at afvise døden. En ikke nødvendig lidelse! Det vigtigste, som bringer patient og personale sammen, er det at være menneske. Det er der, hvor at helbredelsen opstår. I det medmenneskelige møde bogstaveligt! Lidelse sammen.

På systemets side kan meget af lidelsen, synes opfundet - med intet formål overhovedet. Men det kan ændres. Hvordan vi dør er i den grad noget, som vi kan påvirke. At gøre systemet bevidst om nødvendig og ikke nødvendige forskelle i hvordan vi lider, giver de første idéer til, hvorledes det kunne opbygges i stedet.

Dem som udøver det at *"give omsorg"*, som nogle der er oprigtig interesseret i, at folk skal få det bedre. Det at give omsorg, er ikke kun begrænset til dem, som er sidst i livet eller er kommet til skade. Men for dem som er i live og levende på et hvilket som helst tidspunkt i løbet af livet!

Så vid venligst, at du ikke behøves at dø på dette givent tidspunkt her snart for at drage fordele af kræfterne i omsorg.

Mine far har haft kræft i sin prostata, og min mor har haft kræft i brystet. Og for det meste af tiden har vi snakket om deres liv. Og på den måde får man indhentet sine tab, som det ruller ud. Så man er klar på at indtage det næste øjeblik. Tab er en ting, men fortrydelse er endnu en ting. Man skal ikke være fan af fortrydelser, og slet ikke hvis man er lidt af en eventyrer.

Så skal man få lyst til at prøve noget af alt det, som man ikke har forsøgt? *En solotur i ørkenen? Af sted i en "kano" på Stillehavet?? Med alle de risici på sikkerhed og helbred??* Nogle vil svare*: Nej!* Men en rigtig eventyrer hiver fat i *Bucketlisten,* og starter fra en ende af, mens at man stadig kan. Og det er, som oftest, en fantastisk berigende oplevelse! *Om det er iskoldt vand, eller meget tør luft, skorpioner og vildnatur og stå kanten af et kæmpe krater i Afrika??* Alt det magiske som er i verdenen uden for vores kontrol.

Det kan måske syntes dramatisk, hvis vi kun har den støtte, som er: *Hvad er bedst for os selv??* At overkomme tiden??

Meget af det, som jeg har noteret, handler om at kunne skifte perspektiv. Mange skifter et perspektiv efter en ulykke. Og hvordan som de ser på livet. Et perspektiv, som en alkymist suppe, der kan ændre smag fra *"vrede"* til en *"blomst"*! Det er disse små ændringer i perspektivet, som skal gøres til et ritual.

Når nogen dør i det offentlige rum. Oftest på sygehusene. Her skulle man synge en sang, fremsige et digt, eller et minuts stilhed. Et eller andet som det at fremelske sorg med varme, end afstandstagend? Måske en kontrast til det typisk hospitalsbillede:

Et oplyst rum med rør og blinkende maskiner, som kører, og lys der blinker, som ikke engang stopper, når patientens liv er passeret??

Nej, sengen bliver kørt ud, og det kan føles som om, at personen overhovedet ikke har levet!? Det er fyldt med gode intentioner, men hospitaler har det med at fornærme vores sanser. Jeg beundrer, hvad hospitaler kan formå i dag. Men vi spørger for meget til sundhedsvæsenet! Deres tilbud er til *"akutsygdom"* og *"virusser".* Og ikke om hvordan man lever eller dør. Det er de ikke indrettet til. Jeg giver ikke op på forestillingen om, at sundhedsvæsenet kan blive mere humant nogle steder på kloden.

Nogen beklager sig om vejrforholdene. *It is, what it is!!*

Men hvis en sygeplejerske nu tager en snebold med ind, og ligger på huden af en patient?? Er det jo en ubeskrivelig fornemmelse, som de vil føle ved at have den i hånden. *Når isen smelter på den brændende hud. Fascinationen, når det smelter, og bliver til vand.*

I det øjeblik tænker man jo ikke på, om man kommer til at dø. Den lille snebold kan være den inspiration, som du har brug for at kunne leve. På et hospital er det et stjålet øjeblik, for det stod ikke på jobbeskrivelsen! Og mange som dør, ikke fordi de er fredsfyldte, men fordi de er blevet slået tilbage af, hvad deres liv er blevet til. Afskåret måske?

Der er mange, som lever afskåret både fysisk og mentalt i alle aldre. Og vi er ikke i nærheden af at være forberedte på den tsunami af besvær. Man har brug for hjælp i de her seismiske skift i vores samfund. Og jeg ved, at vi kan fordi - Det er nødvendigt! Alternativitet er uacceptabelt. De vigtigt hovedredskaber er kendte: *Politik, uddannelse & træning, systemer, mursten & mørtel!* Vi har tusinde vis af designere, som har forsket i, at jo tættere vi kommer på døden, er trøst og det at føle sig ikke-bebyrdet, det som hjælper bedst for dem, som man elsker. En fornemmelse af eksistentiel fred og forundring som et ritual. Man kan jo lære om de små ting på hospitalerne. De små ting kan godt ende at blive store. Selv min onkel, som var ramt af KOL. Gæt hvad? "Patienten" havde lyst til at ryge en cigaret! Ikke for at fortsætte sin destruktive adfærd, men for at føle sine lunger fyldte, mens de stadig var der er. Men det kunne ikke bevilges, da hans KOL var så fremskreden, at han ikke kunne trække vejret uden hans ilt apparat. Ren ilt og ild går ikke. Så patienten døde. Hans valg!

Han ville ryge! Prioriteterne ændrer sig.

Nogle kunne måske tænke sig at få deres kæledyr med på hospitalet, fordi det virker beroligende for dem??

Med det samme bliver man belønnet for blot at være. Meget af tiden kommer det ned til kun at handle om sanserne. Kroppens måder. Lige præcis det som man gør, når man lever, som man dør.

Det meste besøgte rum er nogle gange køkkenet. Hvilket kan være lidt overraskende selv i et industrikøkken, eller på et hospital! Hvor mange sjældent kan spise noget, hvis de kan overhovedet! Men det frembringer sanserne på flere niveauer. Lugte! Men den bedste opfindelse er at kunne: *Bage en kage! Selv småkager!*

Så længe at vi har vores sanser, om det blot er én, så har vi i det mindste en adgang til, hvad der får os til at føles som et menneske. Forbundet. Forestil dig det, med det for øje, når det handler om mennesker med demens! At glemme øjeblikke som vi ikke har ord for. Impulser, som gør os bevidste om nutiden, har ikke brug for fortiden. Eller en fremtid. Men at forsøge at indtage kroppens rum på stedet. Det æstetiske rum er et stikord for at kunne forbedre designet.

Den tredje og sidste del er, at vi har brug for at tilsidesætte vores ønsker om det velbefindende. At livet kan blive, og sundheds-væsenet i stedet kan have fokus på at få det bedre, end at livet kan blive lidt *"mindre frygteligt"*! Det er forskellen mellem at have mennesket i fokus, eller en model med sygdommen som omdrejningspunktet! Og det er her, at det at give omsorg endda kan blive en legefuld oplevelse. Hvilket måske er et underligt ord at bruge? Men det er en af de højeste former for forandring, som det kræver at være menneske. Behovet for mad, er overlagt kokkene. Behovet for bygninger er overlagt arkitekter, og for vores tøj er det modebranchen. Og for at slappe af har vi opfundet........? Musikken! Så eftersom at det at dø er en del af livet, hvad kan vi så skabe til dette faktum?

Jeg foreslår ikke, at man skal dø på en bestemt måde. Der er bjerge af sorg, som man ikke kan flytte, men på den ene eller anden måde vil vi alle knæle ved det.

Jeg vil nærmere foreslå, at vi skaber "rum". *Et fysisk-psykisk rum, som tillader lyset at "lege" hele vejen igennem!* I stedet for blot at være i vejen. Det at ældes og blive gammel, kunne blive en rutchetur af oplevelser til det sidste. Vi kan ikke løse døden, selvom lægerne forsøger at overbevise os om det modsatte. Men de arbejder på det! Eftersigende er vi ved at være sidste generation, som vil dø... ?? Men det er en helt anden snak..! Kunstig intelligens. Skyen etc.

Men imens kan man arbejde hen imod det. Tilslut ville vi alle kunne sige, og det vil være en befrielse: *At man altid kan få et chok, eller en betydning af hvad livet har i vente.* Som den lille fantastiske snebold der smeltede.

Hvis vi elsker disse oplevelser helt igennem, kan det være at vi overlever ikke kun på grund af døden. Men fordi den venter. Lad døden være, hvad der tager dig, ikke på grund af manglende inspiration!

FÅ INDSTILLET DINE INDSTILLINGER
- Ext PÅ EN BÅD I STILLEHAVET Dag

DR.LIVING'STONE:

Jeg håber, at jeg er lykkes bare en lille smule, i det ydmyge, med projektet, og fået videregivet lidt hjælperedskaber til at opretholde glæden i det daglige? Og hvis ikke at noget af det virker på dig??! Jeg brugte 30 dage på at finde teknikkerne til at hive dig lidt op af sofaen, og at få dem formidlet i en bog, som så heller ikke må være for lang. For jeg kunne godt have smækket fem flere kapitler mere på! Men den må heller ikke være for langtrukken, for så bliver den både tungere at læse med fare for gentagelser, og dyre for dig. Det her er jo en let bog, for at lette byrden for dig, skal du tænke på! *Find noget at blive glad for menneske!* Om det så bare er dine nullermænd! – *E-bogen koster kun det halve!! Eller at bogen endelig er slut!* Ellers så tror jeg, at du er en af de 20%, som bare ikke vil hjælpes op af sit hul, som mr. Flint'stone sagde!

Nyd dit hul i stedet Nuller!!

Ellers er det ligesom med Tandbørsten. At gøre lidt med glædelig intentioner for sig selv og for andre – hver dag. Og det er ikke køns fordelt eller opdelt efter demokratiske vedtaget kvoter!! 50-50%. *Vi er lige gode, og gør "tingene" lige godt!* Det er for alle og til alle. Også din mor! Eller far! *Pap-far??*

Hver tredje er ikke den biologiske far alligevel, melder statistikkerne også ind i landet. Overrasket? Næhh!

Vi er beslægtet med dyrene. Ganske få procent adskiller vores DNA fra dyrene. Fuglene, nedstammer fra dinosauren. Og mennesket har de samme drifter og egenskaber med sig på arbejde: *"Arbejdsglæde for fugle og dinosaurs efterkommere!!"*

Jo, tiden "flyver" jo, når man har det sjovt med det, som man laver, og man kan endda blive opslugt af sit arbejde! Ægteskabsbryder??

Går det godt derhjemme med det hele? Med børnene? Og dig? Er der noget, som jeg kan gøre for dig – Skat? Skat??! Ja! Du er en skat!

THE END

EPILOG: NUL LØSNING GENSKABT
Samtaler mellem en Life Coach, og akademikere om
arbejdsløshed og arbejdsglæde
EXT SAHARA ØRKENEN -DAG

ALX:
HVAD ?? Slutter den sådan tænker du!?
Bogens antal skal være deleligt med fire, oplyser trykkeriet?! Så den kan ikke slutte på side 141!!? Hvad så?? Hvem fanden er det lige, der har OCD?! Historien er jo slut!? Men hvad nu hvis der var lidt mere??
Kan det blive ved? – Er der flere ruller begravet i sandet?!

Må vi høre den podcast? Nej, den blev jo slettet! Du må vente på filmen!

Hvad skete der så, da de fyrre dage var gået i ørkenen? Bag hvilken sandbakke ligger næste rulle begravet? Kom du hjem til Danmark? Siger du ikke noget til nogen? Eller sidder du bare helt stille stadig? Hvorfor kan du ikke lide din stemme? Er du virkelig munk hvad?

Hvem står så for skud? Dig!? Hvad hedder du? Hvad? Højere!
Jeg kan sgu da ikke høre, hvad du siger?! Er du tungnem, eller bare helt dement?! Nå, hvorfor bliver du så ved med at læse?? Historien er jo slut for fanden.. Slut. Det var Kronprins Frederik! "Tudeprinsen"!!

Han "arbejder" jo kun 16 dage om året!?!
Hvor mødte du ham?! I ørkenen?? Sammen med mig!
Skal du med? Har du selv en god røver i ærmet, så skriv til mig på:
40dagefrivilligt@inter-fear.com

Jeg vil gerne være din guide til vores næste tur sammen i ørkenen.
I stilhed. Jeg er af sted to gange om året med et helt hold af mennesker og nomader. Forår og efterår, så du ringer bare derimellem, ja eller skriver!

Stilhed og fordybelse. *Hvor er du fra?* Jeg er fra havnen. *Hvor er du på vej hen? Hvor ender du?* Du ender i graven! Sammen med mig!
Og hold så kæft. Shh – Kig på din *Bucketliste*! Hvad er næste udfordring?

Stilhed. Lyt til din tinnitus. Kan du prøve at stille ind på frekvensen? Kan du ændre på den? Har du prøvet at holde hænderne op for ørene, og kraniet lidt bagud, og med dine pegefingre ovenpå din ringfinger?
Som man knipser med en finger, "banker" du nu fingrene ind i kraniet.
Prøv med ti gange først. Skal du også tabe dig? Så tag ti dybe vejtrækninger om dagen, hvor du puster luften ud lige så langsomt.
Kiloene rasler jo af dit Michelin bildæk, som du har haft på maven!

ORDLISTE

Alternative historier * En formulering af kvanteteori hvor sandsynligheden for en givet observation er beregnet ud fra alle de mulige historier, som kunne have ledt til denne observation.

ACHMED: *Arbejder du fuldtid?? Så lever du ikke! Du har det ene ben i graven,* siger jeg bare! *Godt at du nåede at købe denne bog. Så kan din død måske udsættes lidt! Bliv nu ikke for glad!!* Jeg sagde kun: *Måske!* Men nu er vi ved vejs ende, og nogle skal holde foredrag for 25.000 kroner, og andre skal til jobsamtale! Ikke en uge senere end "praktikkens" ophør! Indkaldelse til JOBSAMTALE...JUHU.. Nå! Ja, så har jeg alligevel haft en del job samtaler igennem tiden.

Du indkaldes til jobsamtale Dato: 4.3.2020. Tid: 10.00. Sted: Jobcenter Aarhus Job & Virksomheds-service. Værkmestergade 5, 8000 Aarhus C Lokale: 9.11

Samtalens indhold: *Vi skal følge op på din "Min Plan" herunder aftalerne fra vores sidste samtale, og snakke om hvad der videre skal ske i forhold til, at bringe dig tættere på selvforsørgelse. Endvidere skal jeg vejlede dig om nye regler om dine rettigheder og pligter i forhold til rådighed og sanktioner, som er trådt i kraft den 1. januar 2020. Hvis du er forhindret eller udebliver: Du har pligt til at møde til samtalen. Hvis du bliver syg, eller er forhindret af en anden grund, bedes du, forinden mødet, ringe og oplyse grunden til forhindringen, og aftale en ny tid. Du bedes i så fald ringe på dette telefonnummer: 45678912 Du skal være opmærksom på, at du ikke kan nøjes med at melde afbud til samtalen ved at sygemelde dig på Jobnet. Du kan heller ikke melde afbud ved at sende en SMS. 147101316 Hvis du udebliver fra samtalen uden rimelig grund, skal kommunen træffe afgørelse om fradrag i din hjælp. Fradraget foretages med en sanktionssats efter lov om aktiv socialpolitik § 35,_stk. 4, for hver dag, du udebliver og til du kontakter jobcentret på ny. Der vil altid ske fradrag i din forsørgelsesydelse for den dag, hvor du udebliver uden rimelig grund, og hvor samtalen skulle have fundet sted, også selvom du kontakter jobcentret samme dag, jf. lov om aktiv socialpolitik § 37. Venlig hilsen Star Ruth, Socialrådgiver.*

Retsgrundlag Job & Virksomhedsservice Center for Virksomhedsservice og jobindsatser nr. 5 Værkmestergade 5 8000 Aarhus C Telefon 89406800 aarhus.dk/jobcenter-kontakt.

For kontakt til Jobcenteret klik her

Sagsbehandler: Star Ruth Telefon: 45678912

24. februar 2020

Lov om en aktiv beskæftigelsesindsats nr. 548 af 7. maj 2019 § 31. Lov om aktiv socialpolitik – jf. lovbekendtgørelse nr. 981 af 23. september 2019 § 13, § 35 stk. 4 og § 37 med tilhørende ændringer i lov nr. 551 af 7. maj 2019 § 2 samt ændringslov nr. 1558 af 27. december 2019 § 1. Ovennævnte bestemmelsers fulde ordlyd kan ses på www.retsinfo.dk. Vejledning til at finde loven: Gå ind på www.retsinfo.dk og indtast nummer og årstal. I højre side af billedet vil du kunne hente den konkrete lov eller bekendtgørelse.

Nå. Næste job. Næste "praktik"! Næste bog måske? The Secret 4.0.??

Der, så kan jeg ikke huske mere i hovedet, for nu.
Hukommelsen som åbner sig i dyb tavshed med sindet.

Nyd stilheden derude med dig selv. Når du kan i et roligt øjeblik.
Kun med dig selv. Så kommer jeg, og forstyrrer dit sind.
Med mit *spin*
Og os to. Ja, hvem er Otto? Os to – dig og mig?
Jeg danser og svanser. Så håret forskanser. Ja, dig
Hvorfor drog du dog din vej? Kom igen, kom igen?
Nej ikke mere, nej ikke mere Jeg gider sgu ikke mere.
Slut for fanden
Det må være nok. *Ok gi'nok*??
STOP SÅ MED AT LÆSE. SID STILLE.
HÆNDERNE OVEN PÅ DYNEN, SAGDE JEG.
Var det egentlig ikke blevet begravet i ørkenen??
Jo..
Men du kan jo ikke tro på en "kontanthjælpsmodtager"!!
Du hørte jo selv "Kongen af Danmark"!

Sendt fra min WhoAreWe telefon

BANG!

Fik jeg tricket din infantile hjerne?
Eller skal du også stikkes i i øjet med en kanyle??
DET ER GAS!!
Det var kun i armen!! Fyldt med 100% arbejdsglæde!

ACHMED:

Er vi snart ved at være der? Det koster jo en hel regnskov efterhånden ...
Det er alligevel bedre at være arbejdsløs arkitekt, end at være arbejdsløs!?
Okay. Munk. Så nu nåede vi til side 146– Det er heller ikke deleligt med
fire!! FREM MED LOMMEREGNEREN. Så er det vel ikke slut endnu?!
JUHU! Hvorfor skrev du pludseligt med stort??

Er det fordi, "du" er god til at regne?? Jeg havde 30 dage til at skrive,
reflektere, editere og oversætte!! Forvent fejl! Komma, tastefejl etc.!

Tak for at bogens sideantal ikke skulle ende på verdens største primtal!
Tak er kun et fattigt ord, men tak alligevel. Tak fordi du downloadede
eller brugte dine dyrebare tid, og surt opsparede penge på at købe
RULLE III. Nu er du også i mine bønner, fordi du nåede helt hertil.

Du er for resten ret god til at læse! Klap dig selv på skulderen.
Men OK ordene her i rulle tre var heller ikke så svære! Du forstod vel det
meste ved første læsning formoder jeg? Også de små ting og detaljer?
*Hvad hed den tidligere soldat, som vidste en masse om Rom, og rejste der
med sine forældre, på førtidspension??*

Nå ja – jeg håber at du finder de andre papirruller – Der mangler nemlig
nogle kapitler i denne her, kan jeg se! Men det ligger derovre bagved det
træ i den retning, et sted. Og de første ligger begravet i den anden
retning! Den vej! Lav en god dag derud (på sofaen!) I dovne danskere ;-)

Alx S
Arkitekt og nu evangelist/Munk & de 12 disciple.
Ali, Alim, Achwel, Achmed, Ajax, Axel, Albert, Al, Alexander,
Dr.Living'stone & Kongen af Danmark. Og tak til Fred Flint'Stone.

P.S. Det var ikke meget "vi" hørte fra de andre evangelister??
Nej, de skulle bare holde deres bøtte!!

Alt det regnskov spildt på disse papirsider!! Hvis vi skulle "høre" på
dem også, så havde rullen jo været dobbelt så lang...!? De får deres
tale tid på "Tudeprinsen"! Det er rulle nummer fire, som ligger
begravet femten kilometer herfra – i den retning mod Algeriet!
Hvor man taler fransk! Ligesom "Kongen af Danmark"!

Den er i den retning! Kan du se hvor, at jeg peger?

Bare følg lyden! Schhhy...

Det ville være mere bæredygtigt, hvis alle bare holdte deres mund.

Tak!

Hukommelsen har altid spillet ALx S et puds. Forfatter med en faglig baggrund indenfor arkitektur, speciale i videnskab og i over et årti har været en TONEANGIVENDE arkitekt. Han blev præmieret for at foreslå en flytning af det gamle hovedbibliotek til Dokk1. Og blev senere hen formgiver af bl.a. Ceresparkens lokalplan, hvor han dog ikke har været siden, at han slog de første streger til en masterplan. ALx er selv bosiddende i nærheden. Ligeså gælder det med Sallings og Musikhusets udvidelser, symfonisk og rytmisk sale, samt mange andre huse og områder, som han heller ikke har genset med den store stolthed; siden det blot var en tegning. *"Alt det regnskov!"*

Det var ikke alle tegninger der blev lige kønne, selvom at de "sejrede".

Det findes der utallige eksempler på i det ganske land, men især i hjembyen "Smilets by". Med undtagelse af vinderen i blandt 140 nationer, som bedste nybyggeri i 2016, AU-Botanisk Væksthus, som han også tegnede for tohundrede kroner i timen for det "største" og "ældste" arkitektfirma i Århus. Her illustrerede han med "blyanten" i højre hånd. De resterende ca. fyrre store huse og byområder, som har ALx S' signatur i sin arkitektur, står kun som en svagt minde, om en kunstner som ikke kunne følge med udviklingen. Grundet en musearm har han tegnet de senere år med venstre hånd. Det aktiverede højre hjernehalvdel, som er mindre visuel, og mere lyd og ord interesseret!

Og ofte havde man hænderne bundet på ryggen, så man måtte tegne med munden, eller fødderne i 3D! "En tegning kan ikke altid beskrive alt – Du ved to tusind ord, siger mere end ét billede!!"

ALx har så valgt at opholde sig på et "stilhedsretreat" i længere perioder af gangen uden menneskelig kontakt i det skjulte.

"Med det Co2 forbrug som kan skyldes nogle streger, som jeg har tegnet med mine franske kurver og fået sat i værk, har jeg lært at være stille.

For ellers kunne det få stor indflydelse på nogle omgivelser, som jeg ikke kender til. Det ville jo kræve mindst 20 jordkloder med de tanker!! "

Han opholder sig i Sahara Ørkenen for at udvikle nye krystaller, men åbner op som "evangelister" for sidespring i historien –

Monarkiets dage er talte i Danmark!! "MeToo" bølgen har for længst gjort sit indtog, og nogen blev gravid før Margrethe nummer to overhovedet var i nogen støbeske – af det pureste Guld.

Folkestyre nu - kunne eksekveres så nemt med vores digitale redskaber. Et demokrati hvor vi måske skal tage stilling til nogle spørgsmål, hver måned eksempelvis! Her afgiver man så sin ja-eller-nej-holdning, og flertallets stemmer afgør valget! *Hvad fanden skal vi med embedsmænd, spindoctors, politikere, ministerpensioner og andre gode folk, som mindst skal kunne tælle til 90 mandater!?* Kunne det være muligt at etablere det på en digital måde på e-boks i stedet??

Grænseland! Vi har alle forskellige grænser! *Bøsserøve!*

Men den kommunistiske leder Xi Jinping!? Skrækkelig hjernevask som han blev udsat for!? *Nu skal du arbejde i kartoffelrækkerne de næste 7 år, og drop din jurastudier Jinping! Og du skal stoppe med at tale om og med din far!! Han er en forræder!! Og nej - Du må ikke stille op til partiet!!*

Men han kom sørme ind i partiet og røg til tops!! Kineseren, som etablerede sig som den førende magt mand, og efteraber af formand Mao, har jo bare investeret massivt i andre lande med *win win,* som udgangspunkt! Men ender med at *"overtage alle privilegier"* over andre havne, og demoraliserer landes suverænitet verdenen over!?

Og den kommunistiske leder Xi Jinping har givet Danmark to pandaer efter Margrethes ønske..?! Så nu hænger vi også på den!!

Nå! Vil kineserne gerne bygge boreplatforme og kulminer på Grønland??

Ja, det må de gerne, for de er så søde de to pandaer!! Og Zoo-direktøren er glad for den ekstra millionindtægt, som hans projekt har opnået!? Selvom han ikke kommer til at obducere dem som sædvanlig!!

Ja, det er da prisen værd!!? Tak Margrethe!!? Jesus!!

ER DER TID TIL AT NÆVNE EN LILLE SIDSTE TING?? NEJ!
*WE DRACUL**ES** HAVE RIGHT TO BE PROUD!!*

Af samme forfatter
Kongen af Danmark, Det Nyeste Testamente,
Tudeprinsen og Ingen Undskyldning.

BEST BOOK IN THE SHOP. No. 1 in more than 200 Countries!